Amor en Alta Voz
Un libro sobre el Amor, la Vida y Liderazgo

*Ustedes, por su parte, ambicionen los mejores dones.
Ahora les voy a mostrar un camino más excelente.
(1 Corintios 12:31 NIV)*

Por
Emilio De La Cruz

Prólogo Por
Rev. Wilfredo (Choco) De Jesus

GATEWAY PRESS
A Division of Aion Group Multimedia
and Gateway International Bible Institute

Copyright 2014 by Emilio De La Cruz
Coverstock image: Sergiu Ungureanu

Published by:

GATEWAY PRESS
A Division of Aion Group Multimedia
and Gateway International Bible Institute

20118 N 67th Ave
Suite 300-446
Glendale, Arizona 85308
www.aionmultimedia.com

Impreso en los Estados Unidos de América

Reservados todos los derechos. Ninguna parte de esta publicación puede ser reproducida en su totalidad o en parte, en cualquier forma sin el consentimiento expreso y por escrito del autor y / o editor.

ISBN:978-0991565733

Unless otherwise noted, Scripture is taken from the KING JAMES Version.´

Scripture taken from the New King James Version®. Copyright © 1982 by Thomas Nelson, Inc. Used by permission. All rights reserved.

Scripture quotations taken from the Amplified® Bible, Copyright © 1954, 1958, 1962, 1964, 1965, 1987 by The Lockman Foundation Used by permission. (www.Lockman.org)

Scripture taken from the Complete Jewish Bible Copyright 1998 by David H. Stern. Published by Jewish New Testament Publications, Inc. All rights reserved. Used by permission.

Scripture taken from *The Message*. Copyright © 1993, 1994, 1995, 1996, 2000, 2001, 2002. Used by permission of NavPress Publishing Group.

Scripture taken from the Common English Bible®, CEB® Copyright © 2010, 2011 by Common English Bible.™ Used by permission. All rights reserved worldwide.

PRÓLOGO

En "Amor en alta voz", Pastor Emilio De La Cruz comparte apasionadamente su testimonio personal sobre cómo su vida cambió cuando aprendió el poder transformador del amor que Dios tiene por nosotros. Aprendió el amor descrito en Juan 3:16: "Porque de tal manera amó Dios al mundo que dio a su Hijo unigénito, para que todo aquel que en él cree no se pierda, mas tenga vida eterna."

A la tierna edad de 18 años, De La Cruz se encontraba en prisión para ser sentenciado como adulto. Estaba lleno de ira y rabia; se sentía desesperado y vacío. A pesar de que leó la Biblia en la cárcel y le hizo promesas al Señor que iba a cambiar, el no estaba realmente preparado para cambiar. después de ser liberado de la cárcel continuó su estilo de vida rebelde. Persistió a fumar marijuana, beber alcohol y estar en parrandas hasta que un día su novia le invitó a la iglesia (incluso fumo marijuana antes de entrar) no tomando en serio la iglesia.

De La Cruz no recuerda el sermón o la canción de adoración, pero sí recuerda que "sintió algo extraño." Esa "extraña sensación" había devolverlo a la iglesia, pero esta vez sobrio. En esta segunda ocasión, recuerda pedir a Dios que quitara su corazón de piedra y que le diera un nuevo corazón. Él aceptó a Jesucristo como su Señor y Salvador, y dejo de fumar, beber y de parrandear en ese mismo instante. Desde ese momento, De La Cruz sintió el amor indescriptible de Cristo y ha hecho su llamado el mostrar a otros éste mismo amor incondicional. Como Pastor, todavía estoy asombrado de cómo Dios cambia nuestros espíritus rebeldes, nuestras luchas, nuestro dolor, la ira y las heridas en algo bueno. Me encanta ser testigo de esta transformación que ocurre cuando las personas se rinden incondicionalmente a Cristo.

Después de 39 años de servir al Señor, Pastor de la Cruz comparte sus lecciones en "Ama a voz alta". Dios quiere usar tu dolor en la vida para ayudar a otros, pero tienes que estar abierto al perdón, el amor y la paz que sólo puede venir cuando usted entrega su corazón a Cristo. Dios se ha hecho uno de nosotros y vivió entre nosotros para sacarnos de la oscuridad a una luz maravillosa. Jesús es el mejor ejemplo de amor en alta voz. ¿Cuánto te ama Dios? Jesús murió en la cruz por ti, para que tengáis vida eterna - que es el amor más grande de todos. A través del poder del Espíritu Santo, activamos el deseo de Dios de que nosotros amamos a los demás como nos amemos a nosotros mismos. Si no te amas a ti mismo, o te sientes que no eres digno de ser amado, te ruego que leas las páginas de este libro tu Espíritu sera movido a entender que todos fuimos creados al imagin de Dios para hacer dos cosas en la Tierra: aprender a amar a Dios y aprender a amar a otras personas. La vida es todo sobre el amor.

"Y nosotros hemos conocido y creído el amor que Dios tiene para nosotros. Dios es amor. El que permanece en amor, permanece en Dios, y Dios en ellos "-. 1 Juan 4:16

Al leer este libro inspirador de mi buen amigo el Pastor De La Cruz, podrá usted experimentar el amor de Cristo de una manera nueva a medida que aprende a "Amor en alta voz".

Dios los bendiga!

Wilfredo De Jesús
Senior Pastor, New Life Covenant Church, Chicago, IL

Tabla De Contenidos

CAPÍTULO I: EXPERIMENTANDO SU AMOR INDESCRIPTIBLE — *1*

CAPÍTULO II: APRENDIENDO A AMAR — *9*

CAPÍTULO III: LA REVOLUCIÓN DE AMOR ÁGAPE — *27*

CAPÍTULO IV DEJAR QUE DIOS AME A TRAVES DE NOSOTROS — *35*

CAPÍTULO V: AMAR A DIOS A TRAVES DE NUESTRA ADORACION — *45*

CAPÍTULO VI: EL CAPÍTULO MAS GRANDE DE TODOS — *53*

CAPÍTULO VII: LIDERANDO CON AMOR — *67*

CONCLUSION — *77*

CAPÍTULO I: EXPERIMENTANDO SU AMOR INDESCRIPTIBLE

Mi primer encuentro con su amor fue como un terremoto en mi espíritu; ¡me estremeció! Estremeció mi universo.

El amor de Dios es tan maravilloso, no se cómo empezar a describir la grandeza y la belleza de su amor.

Cuando me encontraba perdido, rebelde y vil Él me amó. Me amó lo suficiente para buscarme y encontrarme; para persuadirme y convencerme a confiar en Él. Yo me pregunto, "¿Cómo pudo haberme amado en la condición en que estaba? ¿Cómo pudo haber dado Su vida por una persona con tanto pecado?" ¡Nunca lo entenderé, pero de hecho Él me amó! ¡El dió Su vida por mí!

Sé que no soy el único que Él ama, pero me hace sentir que lo soy. Cuando experimenté Su amor por mí por primera vez, estimuló cada fibra de mi ser y me hizo sentir vivo. ¿Dónde más encontraré algo así?

Mi primer encuentro con su amor fue como un terremoto en mi espíritu; ¡me estremeció! Estremeció mi universo. El amor de Dios hacia mí es tan firme y constante. Resonó en las partes más profundas de mi alma. Su amor me cambió como nada pudo haberlo hecho, en una forma completa, incondicional y sin reserva.

AMOR EN ALTA VOZ

Al caminar con Él por los pasados treinta y nueve años, le he fallado tantas veces. Aunque no soy dado a una vida pecaminosa, aún soy errante, desecho, y altamente imperfecto pero, aún asi El me ama. Tal amor ha sido el que me ha sostenido a través de los años. Yo me hubiera rendido tantas veces sino tuviera la profunda conciencia de su amor por mí, el cual es manifestado a través de su fidelidad, su misericordia y su gracia. ¡Solo saber que me ama es suficiente!

Nunca he dudado de su amor. Él nunca me ha permitido hacerlo, ni me ha dado razón para dudar. ¡Yo le amo también a Él! Yo trato de demostrarle mi amor en cada manera posible. Yo continuamente le busco y rindo mi voluntad a Él; me mantengo agradecido por todo lo que El ha hecho por mi, y le digo frecuentemente que le amo. Trato con todas mis fuerzas de caminar en obediencia a Él y mantener el pecado fuera de mi vida.

A veces, me pregunto si Él duda mi amor por Él, pero Él conoce mi corazón y ve mis obras. No quiero darle razón para dudar jamás de mi amor por Él. Yo creo que si Él dejaría de amarme (que creo que es imposible), dejaría yo de existir. Necesito que Él me ame y que Él me asegure de su amor por mí. ¡Hay veces que aún no lo creo! Se me hace difícil creer que el Dios del universo me amaría tanto.

A la edad de 18 años, mi vida era un desastre. Cuando yo tenía ocho años de edad, mi padre nos abandonó. Mi mamá traía hombres a la casa. Siempre viví en un ambiente de violencia y el alcoholismo. Por eso, crecí con un montón de rabia e igualmente me puse violento.

Siempre me la pasaba peleando. Cuando peleaba, yo era capaz de matar a alguien. Siempre trataba de sacarle los ojos al que se me oponía y siempre estaba listo para darle uso al puñal que llevaba en el bolsillo. En una ocasión alguien me apunto una pistola en la cabeza e inmediatamente contemplé como yo lo iba a matar si me dejaba vivo.

Con tristeza digo que siempre me encontraba drogado, borracho y en problemas. Estuve envuelto en robos, un motín en mi escuela y hasta una persecución policiaca de alta velocidad. En otra ocasión, luego de ser arrestado, un policía que por poquito me dispara y mata, porque alguien reportó que andaba yo armado. Está de más decir que me la pasaba entrando y saliendo de la cárcel. A los 18 años estaba encarcelado y me iban a enjuiciar como adulto. Largos años de prisión me esperaban.

Hubo un tiempo que contemplé seriamente cometer un asesinato. Mi corazón anhelaba el día en que pudiera matar a mi padre. Lo odiaba, pues en los más profundo sentía su rechazo y abandono. Mi vida era miserable. Me sentía solo y vacío. Yo estaba muerto.

Fue entonces que Dios se me acercó con su poder. Dios ya había salvado a mi hermana y ella se estacionaba frente a la cárcel para orar por mí durante su hora del almuerzo. En mi cumpleaños, el 17 de abril de 1975, recibí dos regalos; un libro llamado "Cómo Suprimir las Preocupaciones y Disfrutar de la Vida" y una Biblia.

Uno de los hombres conmigo en la cárcel iba a la cárcel de por vida. Me advirtió que no leyera la Biblia. Él dijo que tenía una tía que comenzó a leer la Biblia y se volvió loca. De todos modos empecé a leerla. Aunque me acuerdo de encontrar consuelo en lo que habia leido, yo honestamente no puedo decir que algo saltó de las páginas y me habló. Lo que sí recuerdo es que un día recibí una sensación dentro de mí, y me dije a mí mismo: "Tiene que haber más en la vida que esto."

Inexplicablemente fui liberado de la cárcel y puesto en libertad condicional. Aunque yo había hecho algunas promesas a Dios en la cárcel como, "Voy a beber sólo en casa" y "sólo voy a utilizar el alcohol y la marihuana", ninguna de estas promesas fueron recordadas en cuanto me salí libre. Continué viviendo mi vida, "de fiesta en fiesta".

Poco tiempo después, una amiga me invitó a asistir a la iglesia. No sé cómo, pero convencí a cinco de mis amigos a ir conmigo, y todos fuimos a la iglesia. Nos fumamos unos cigarros de marihuana antes de entrar y entramos en una Iglesia Asamblea de Dios por primera vez. La iglesia estaba llena. Había alrededor de doscientas personas allí. Nos llevaron al único sitio disponible, ¡la banca de al frente! La música empezó a tocar, y la gente comenzó a cantar. Todo el mundo estaba cantando con tanta energía. No recuerdo el sermón que fue predicado.

Salimos de la iglesia e íbamos en el carro. Fue entonces que todos coincidimos en que habíamos sentido algo extraño. Yo no entendía nada de eso. No oré ninguna oración, no encontré la fe y mucho menos, no hice un compromiso con Cristo. Simplemente acababa de asistir a la iglesia y "sentí algo extraño". Pero a partir de esa noche perdí todo deseo de fumar marihuana o beber alcohol. Continué yendo a las fiestas y hacía que mis amigos creyeran que aún yo tomaba, pero volcaba mi cerveza cuando nadie estaba mirando. También seguí actuando como si estuviera fumando la marihuana. Yo ya no era el mismo, y realmente ni siquiera sabía por qué. Todo lo que sabía era que me sentí atraído de nuevo a la iglesia.

Algunas semanas más tarde, regresé a la iglesia; esta vez solo. Me senté en la parte de atrás y nuevamente la música y el canto eran vibrantes. La gente estaba emocionada. El predicador predicó, y de nuevo, yo no me acuerdo lo que predicó. Cuando hizo un llamado a la gente a venir al frente para recibir a Cristo, yo estaba pegado a mi asiento. Luego dijo, "Si usted quiere recibir a Cristo, puedes arrodillarte donde estás y invitar a Cristo que entre a tu corazón."

Me arrodillé allí en la parte de atrás de la iglesia y cuando me arrodillé algunas palabras que el predicador había dicho vinieron a mi mente, "Yo quitaré el corazón de piedra y te pondré un corazón de carne". Le pedí a Dios que hiciera eso por mí. Que quitara mi duro corazón de piedra y me diera un corazón nuevo. Al instante, sentí el amor de Dios que me inundó.

Cuando conocí a Jesús, su gran amor me transformó en una nueva creación. Amor comenzó a desbordarse de mi nuevo corazón. Perdoné los que me habían hecho daño, incluyendo mi Papá. Empecé a amarles. Cuando observo mi vida anterior, mi antiguo yo, me cuesta creerlo. Él me amaba entonces y yo lo amo ahora. Por todos mis días le amaré.

Sé que Él me ama, pero lo que es incomprensible es que Él me ama con todo su corazón. ¡Él lo hace! ¡Él me ama con todo su corazón! A pesar de que Él me hace sentir como si yo fuera el único que Él ama de esta manera, sé que su amor es infinito. Él te ama tanto como Él me ama. Creo que el amor (el amor de Dios) hace que el mundo gire. Yo creo que lo que el mundo necesita ahora es amor, dulce amor. No es cualquier amor lo que necesita; tiene que ser el amor de Dios. Yo sí creo que el mundo será un lugar mejor si permitimos que Dios, "ponga un poco de amor en tu corazón" pero repito; ¡Tiene que ser el amor de Dios!

Así que, "¿Qué tiene que ver el amor con esto?" ¡TODO! El amor de Dios es la respuesta, el antídoto y el mayor poder en el universo. Mientras escribo estas palabras sobre el amor, tengan presentes que estoy hablando sobre el amor de Dios; sin falsedad, sin fabricación y sin humanísimos. El amor de Dios se manifiesta en nuestra humanidad. Se permite el amor de Dios (ágape) fluya en nuestra vida cotidiana. Él nos manda a caminar en Su amor y crecer en el amor.

Yo creo que este libro le ayudará en su caminar diario, vivir y liderar con amor. Este libro va a tener muchas escrituras de la Biblia, y le animo a meditar en estas escrituras. ¡Que se profundicen en su corazón! Pídele a Dios que sean reales para ti.

La siguiente escritura nos dice que podemos "conocer el amor de Cristo, que excede a todo conocimiento". Para entender el amor de Dios, tenemos que tratar de comprenderlo con un conocimiento más allá del conocimiento humano; sólo será por el Espíritu de Dios que vamos a ser capaces de adquirir éste entendimiento. Pero es sólo por conocer el amor de Cristo que podemos ser "llenos de toda la plenitud de Cristo"

Efesios 3:14-19
"Por esta causa doblo mis rodillas ante el Padre de nuestro Señor Jesucristo, de quien toma nombre toda familia en los cielos y en la tierra, para que os dé, conforme a las riquezas de su gloria, el ser fortalecidos con poder por su Espíritu en el hombre interior, que Cristo habite en vuestros corazones por medio de la fe; para que, arraigados y cimentados en amor, seáis plenamente capaces de comprender con todos los santos cuál es la anchura y la longitud, la profundidad y la altura, de conocer el amor de Cristo que sobrepasa todo conocimiento; para que seáis llenos de toda la plenitud de Dios".

Esta debe ser nuestra oración por nuestras propias vidas, para nuestros seres queridos y la gente que Dios nos ha dado para supervisar; que pudieran ser arraigados y cimentados en el amor y conocer el amor de Cristo.

Tal vez, el evangelista más grande del siglo pasado es Dwight L. Moody. Dwight L. Moody nació en 1837, y nació de nuevo en 1854 a la edad de diecisiete años a través de la instrumentalidad de un hombre llamado Edward Kimball.

Moody fue empresario hasta los veintitrés años de edad, y entró en el ministerio como predicador laico. Moody no era bien educado, sin embargo, él estableció escuelas que aún se mantienen hasta nuestros días. Hasta cierto punto Moody tuvo éxito en sus primeros años de ministerio que empiezo en 1860. Estados Unidos sufría tiempos de turbulencia durante la Guerra Civil.

Moody hizo un viaje misionero en 1867 a Inglaterra cuando tenía treinta y siete años. Conoció a una hombre llamado Henry Morehouse. Morehouse quería predicar para Moody, pero Moody le ignoraba. Un día, Morehouse se invitó a sí mismo diciéndole a Moody que él iba a estar en Chicago. Morehouse vino, y predicó del pasaje Juan 3:16, mientras que Moody estaba de viaje. "Porque de tal manera amó Dios al mundo, que ha dado a su Hijo unigénito para que todo aquel que en él creé, no se pierda mas tenga vida eterna."

Moody volvió de su viaje y preguntó acerca de qué Morehouse estaba predicando. Los miembros de la congregación respondieron, "Juan 3:16." Moody pensó que era bastante elemental, y él dijo, "Bueno, ¿De qué va a predicar la próxima vez?" Nuevamente respondieron, "Juan 3:16." Él preguntó: "¿Será un mensaje de dos partes?"
Ellos dijeron, "No. Él dijo que va a predicar en Juan 3:16 hasta que lo aprendemos."

Morehouse continuó predicando durante semanas en Juan 3:16. Las siguientes son las palabras de Dwight L. Moody, que estaba sentado allí y escuchaba a este hombre que solo predicó de Juan 3:16:

"No sabía, hasta ese momento, que Dios me amaba tanto. Mi corazón comenzó a descongelarse. No pude contenerme las lágrimas. Me consumí todo el mensaje. Ciertamente, hay una sola cosa que atrae más que todo lo demás en el mundo y es el amor. Tomé la palabra "amor", y yo no sé cuántas semanas pasé estudiando todos los pasajes Bíblicos en que aparece y al concluir, no pude dejar de amar a la gente. Yo me nutrí del amor tanto, que estaba ansioso por hacer el bien a todas las personas que me encontraba en el camino. Me llené de amor. Me salía el amor por las manos. Cuando se toma el tema del amor en la Biblia, te llena tanto que con tan solo abrir la boca, sale cual inundación, palabras del amor de Dios. Las iglesias estarían llenándose de visitas porque encontrarían a una comunidad que los ama. Este amor atrae a los pecadores. Nosotros debe ganarnos la confianza do los pecadores primero. Entonces podemos ganarlos para Cristo. Tenemos que conseguir que la gente nos quiera, y luego girarlos hacia Cristo. Si usted no tiene amor en su corazón, usted debe lanzar su esperanza a los cuatro vientos y ir a buscar uno mejor. No hay nada más grandioso que el amor de Dios."

"¿Sabes que nada de lo que hagas en esta vida jamás importará, a menos que se trate de amar a Dios y amar a la gente que ha hecho?"
- Francis Chan, Crazy Love: Abrumado por un Dios implacable

CAPÍTULO II: APRENDIENDO A AMAR

Desde el día que conocí y me enamoré de Jesús, toda ira y amargura me dejaron. Desde el principio, mi caminar era un paseo con él; todo lo demás era secundario, cualquier otra relación era secundaria. Yo no podía y no quería permitir que nada dañara esta nueva relación que tenía con el Rey de la Gloria. Me pareció fácil amar a los demás, incluso a los que me habían ofendido. Dios quiere que nos amemos unos a otros, porque esto es lo que realmente nos hace felices. Dios quiere que nos amemos unos a otros, porque es la única manera que podremos completar su obra. Fuimos hechos para funcionar en perfecta unidad. Para ello, tenemos que operar en el amor perfecto. Desde el día que vine a Cristo, no me acuerdo de alguien que no amé. Ese es el tipo de obra que Dios hizo en mi vida. Sin embargo, todavía estoy aprendiendo a amar a la manera que Él ama. Todavía estoy creciendo en su infinito amor.

Si vamos a "conocer el amor de Cristo, que excede a todo conocimiento", tenemos que estar dispuestos a aprender. No sólo memorización de la Biblia, ni siquiera el mero entendimiento de su palabra, pero tenemos que llegar al reconocimiento de que sólo hemos arañado la superficie y que efectivamente sabemos muy poco. El amor no es un logro. No es como si un día que acaba de conseguirlo, y entonces usted tiene amor para el resto de su vida. El amor es el fruto de caminar con Dios todos los días y permitiendo su Espíritu Santo controle su mente, sus emociones, sus palabras, su corazón y su alma.

El amor es como un árbol que crece dentro de ti que comienza como una semilla. Esa semilla, dada por Dios, echa raíces y luego crece, crece y crece. No hay límites a la grandeza de que este amor pueda crecer. Los únicos límites son los que le ponemos nosotros mismos. Para que el amor crezca grandemente, tiene que tener raíces profundas y una base sólida. Es sólo en la medida en que refleja en nuestras propias vidas que hemos conocido su amor. Es increíble ver las escrituras y ver que nunca se registra que Jesús nunca diciendo, "Te amo". Sin embargo, su vida y sus acciones manifestaban un amor que penetraba a cada uno alrededor de Él.

La mayoría de nosotros hemos aprendido un amor muy superficial. Algunos tuvieron el privilegio de ser criado por unos padres piadosos que reflejaban constantemente el amor de Dios. Otros tuvieron padres que eran impíos, abusivos, crueles, duros y egoístas. Muchos de nosotros hemos tenido que aprender el amor de la nada; luchando con las falsas percepciones, impresiones y conceptos del amor que fueron tildados en nuestros corazones. Es por esto que Dios derrama su amor en nuestros corazones. Como está escrito en Romanos capítulo 5, versículo 5 "Y esta esperanza no nos defrauda, porque Dios ha llenado con su amor nuestro corazón por medio del Espíritu Santo que nos ha dado." Esto es lo que nos inicia este gran viaje; su amor derramado en nosotros, una nueva experiencia de un nuevo amor. Un amor que nunca habíamos conocido antes, o como mucho, sólo hemos visto vislumbres de su amor. Pero ahora Dios lo derrama en nosotros; Él llena nuestros corazones con su amor.

Ahora podemos crecer en su amor. Ahora no sólo tenemos conocimiento de su amor, pero hemos experimentado personalmente su amor en nuestro ser más interior (Efesios 3:17). Pablo ora por el pueblo de Dios para que sean arraigados en este amor. Que se convierta en nuestra fuente de vida. Al igual que raíces beben el agua, debemos beber continuamente del agua de vida que es el amor de Dios. Su amor es nuestra fuente de vida. Sino bebemos continuamente de su amor, que nos secaremos y moriremos. Tenemos que continuamente y diariamente pensar en su amor por nosotros. Debemos meditar constantemente en la riqueza de su amor por nosotros.

Es tan fácil para nosotros envolvernos tanto tratando de demostrar nuestro amor por Él, tratando de agradarle y servirle; que como Marta, nos olvidamos de sentarnos a sus pies y disfrutar de su maravilloso amor por nosotros. Pablo también ora por los Efesios que sean "fundados en el amor". Aquí, él usa las dos metáforas de la agricultura y de la construcción. En mi opinión es más importante ser arraigados primero, y luego a fundado. Nuestras obras tienen que fluir de nuestra relación. La fe debe trabajar por el amor. Para tener sus raíces en el amor es sentarse a sus pies, que es la mejor parte, la necesidad. Estar basados en el amor es trabajar con Él. y para Él. Él dijo: "Si ustedes me aman, me obedecen." A medida que crecemos en nuestra obediencia a Dios, debemos crecer en el amor.

Una cosa que es esencial para que crezcamos en nuestro amor a Dios es amar a los hijos de Dios.

1 Juan 4:7-8
"Amados, amémonos unos a otros, porque el amor es de Dios; y todo el que ama ha nacido de Dios y conoce a Dios. El que no ama no conoce a Dios; porque Dios es amor."

Dios da gran importancia a amarnos unos a otros. Jesús llamó a esto un mandamiento nuevo. ¿Cómo sabemos si estamos demostrando el amor el uno al otro? Si nos amamos unos a otros, no hablamos mal el uno del otro. Por amor, vamos a hablar sólo palabras que edifiquen y no destruyan. Nos ayudamos unos a otros en tiempos de necesidad. Nosotros preferimos el uno al otro. La iglesia, el cuerpo de Cristo, todos miembros los unos con los otros (la familia de Dios) unidos entre sí a través de una relación ágape (palabra griega que significa el amor de Dios). Amarse en la forma en que Dios quiere requiere que nos mantengamos llenos de su amor.

Esta es la razón por la que adoramos. Estar en su presencia, el pasar tiempo con Él, y caminar con Él es tan vital. El amor tiene que fluir de Él a nosotros, de modo que pueda fluir a través de nosotros, a los demás. La carne no sabe cómo amar; no con el amor ágape. Cualquier otro amor es egoísta en el núcleo. Es amar esperando pago, el amor que "me hace sentir bien." Sólo el amor ágape es desinteresado. Necesitamos el amor de Dios. La Biblia dice que Él derramó su amor en nuestros corazones por el Espíritu.

Cuando nacimos de nuevo, nuestros corazones recibieron un desbordamiento de amor de Dios. ¿Te acuerdas? Andaba dándole amor a todos. Para algunos, no duró mucho tiempo porque pusieron sus ojos en las imperfecciones y fracasos de otros y perdieron el amor. Pero si usted tuvo un encuentro personal verdadero con Cristo, usted tuvo este amor aunque fuera por un tiempo corto. Algunos de los nuevos cristianos se desilusionan y se desalientan de inmediato, pero aquí es donde tenemos que aprender a amar a Dios y amar a los demás a través de Su amor incondicional.

Considere el tipo de unidad que Jesús oró en Juan 17:11, "Ahora que ya no estoy en el mundo, pero éstos están en el mundo, y yo voy a ti. Padre santo, cuida en tu nombre a los que me has dado, para que sean uno como nosotros somos."

El fruto del Espíritu es amor, y la prioridad del amor es la unidad en la familia de Dios. Es por eso que el enemigo combate tan duro para traer la desunión, la discordia y la división en la iglesia. La caja de herramientas del diablo se llama "la carne". El enemigo usa la ira como un martillo para traer dolor y destrucción. Él utiliza el control como pinzas para agarrar corazones y mentes. Los comportamientos molestosos como el fastidio, el ignorar, y la arrogancia son como papel de lija en las manos del enemigo.

Efesios 4:3 AMP
"El Espíritu los ha unido con un vínculo de paz. Hagan todo lo posible por conservar esa unidad, permitiendo que la paz los mantenga unidos."

Es Su unidad, es importante para Él y es la prioridad de Su fruto. La unidad en nuestro matrimonio, la unidad en nuestra casa, la unidad en nuestra iglesia son unidad traen la paz, y la paz es la prosperidad!

La Oración de Jesús
Juan 17:20-21 NVI
"No ruego sólo por éstos. Ruego también por los que han de creer en mí por el mensaje de ellos, para que todos sean uno. Padre, así como tú estás en mí y yo en ti, permite que ellos también estén en nosotros, para que el mundo crea que tú me has enviado".

Jesús estaba orando por usted y yo. Oró para que tengamos la unidad como la unidad entre Él y Su Padre (una unidad perfecta). ¡La unidad sólo se perfeccionará a través del amor de Dios! Cuando tenemos esta unidad, la unidad del cuerpo dará a conocer a el mundo perdido la fe para creer que Jesús es el Señor. El avivamiento depende de la unidad del pueblo de Dios.

Juan 17:22 NVI

"La gloria que me diste, yo les he dado, para que sean uno, así como nosotros somos uno."

Tenemos su gloria (la bondad) para ayudarnos a ser uno. Bondad divina está en nosotros si dejamos que fluya. Su amor es su bondad que puede fluir a través de nosotros, y debe fluir a través de nosotros, si vamos a entrar en la unidad perfecta.

Versículo 23: "Yo en ellos, y tú en mí; para que sean perfectos en unidad, para que el mundo conozca que tú me has enviado y que los has amado como me has amado."

Cuando nosotros nos amamos los unos a otros es una prueba del amor de Dios. Si el mundo nos ve amándonos unos a otros, creerá que Dios les ama y que envió a Jesús a morir por ellos.

1 Pedro 4:8 (NVI)
"Y por encima de todas las cosas tengan ferviente amor los unos a los otros, porque el amor cubrirá multitud de pecados."

El amor nos lleva a la unidad con gente imperfecta. El amor nos equipará para llevar a cabo los propósitos eternos de Dios. Hay cosas que sólo podemos lograr juntos. Necesitamos su amor para tener unidad para cumplir su voluntad.

¡Ven, Espíritu Santo; nos llénanos de su amor otra vez!

La unidad que sólo viene por medio del Espíritu no es de la carne. Sólo viene si realmente nos amamos unos a otros. Estar enamorado de Dios y estar enamorado de la Palabra de Dios se validan por estar enamorado de la familia de Dios. Amar a la familia de Dios es el fruto del amor a Dios y su palabra. Dios es nuestro Padre y Su mandamiento es que nos amemos unos a otros.

APRENDIENDO A AMAR

La Biblia está llena de instrucciones sobre cómo amarnos unos a otros.

Romanos 5:5 NVI
"La esperanza no desilusiona, porque el amor de Dios ha sido derramado en nuestros corazones por el Espíritu Santo que nos fue dado."

Si usted es un niño nacido de nuevo de Dios, entonces el Espíritu Santo ha derramado el amor de Dios en su corazón. Usted no tiene ninguna excusa para no amar. El amor de Dios no simplemente puesto en su corazón, pero fue derramado. Su corazón se ha llenado para rebosar con el amor de Dios; ¡sólo tienes que dejarlo fluir!

Juan 15:10 NVI
"Si guardáis mis mandamientos, permaneceréis en mi amor, así como yo he guardado los mandamientos de mi padre y permanezco en su amor."

El amor no es sólo una emoción pero, no creo que hay amor sin emoción. El verdadero amor tiene una emoción poderosa, apasionada, que no siempre está en la superficie, pero siempre está allí muy adentro. El amor es caminar en sumisión a Dios y amarnos unos a otros es caminar en la sumisión al prójimo. Los mandamientos de Dios no son sólo para mostrarnos que Él está a cargo. Sus mandamientos son para nuestro bien y nos demuestran de Su gran amor por nosotros. Así que por nuestro amor por Él, por nuestra relación con él y por nuestra confianza en Él como nuestro amoroso padre; guardamos sus mandamientos. No puedes decir que amas a Dios y no confiar en Él! Confiar en Él es amarle. Usualmente, seres humanos no son dignos de confianza, pero Dios es digno de toda nuestra confianza; todo el tiempo. Dios es digno de confianza. Si amas a Dios, usted confiará en Él.

Juan 17:26 CEB
"He manifestado tu nombre a ellos y se lo seguiré dando a conocer para que tu amor por mí estará en ellos, y yo mismo esté en ellos."

El propósito de revelar al Padre fue para revelar el amor del Padre, para que su amor pudiera estar en nosotros, que es Cristo en nosotros! Usted ve, todo este concepto de "Cristo en nosotros", "la vida en el Espíritu Santo", "Jesús en mi corazón" tiene que ver con el amor ágape. Ágape tiene que estar en nosotros para que Cristo habite en nosotros. Si Cristo está en nosotros, entonces el amor de Dios está en nosotros.

Romanos 12:10 NVI
"Ámense unos a otros con amor fraternal; honrándose y respetándose mutuamente."

¡Hay que vivir el amor! La Biblia dice que debemos amar con obras y no sólo de palabra. En otras palabras, muéstrame amor. Aquí dice, "Amaos los unos a los otros con amor fraternal ..." ¡Me encanta abrazar! No estoy diciendo que tienes que hacerlo, pero aquí dice que hay que ser cariñoso. Saludaos unos a otros con ósculo santo.

Recuerdo a un hombre joven en la escuela bíblica. Él era un tipo duro que vino a través del programa Teen Challenge. Él decía, "Yo no creo en todas esas cosas de abrazar; eso es de afeminados." Hasta el día fue bautizado en el Espíritu Santo, y cuando se levantó desde el altar...¿A que no sabes lo que hizo? Pues obvio, ¡comenzó a abrazar a todo el mundo! Puede ser que no sea fácil para usted, pero muestre un poco de cariño; muestre el amor.

1 Pedro 1:22 NVI

"Habiendo purificado vuestras almas por la obediencia a la verdad, mediante el Espíritu sincero amor a los hermanos, amaos unos a otros entrañablemente, de corazón puro."

Cuando nos amamos mutuamente, es el Espíritu que nos ayuda a obedecer la verdad. La verdad es que Dios nos manda expresamente a amarnos unos a otros. No sólo eso, sino que Él nos manda a amarnos mutuamente con fervor. El diccionario define fervientemente como "marcado por la gran intensidad de los sentimientos." La Concordancia Strong nos da la palabra griega para el fervor ektenos. Ektenos quiere decir, "correctamente, completamente estirado, es decir, la descripción de la idea verbal extendido por completo, a su necesaria potencial, sin holgura, enérgicamente, sin indebida tregua."

Esa es la manera en que Dios nos dice que debemos amarnos unos a otros, esto es ¡Amor en alta voz!

Como la familia de Dios, pasamos por muchas cosas juntos. A veces nuestros más allegados nos hacen cosas o nos dicen cosas y nos lastiman profundamente. No podemos dejar de amar; no podemos permitir que la amargura entre a nuestros corazones. Debemos perdonar y volver al primer amor. Esto no significa que la relación siempre puede volver a lo que era, pero el amor puede ser restaurado.

1 Juan 1:7 AMP
"Pero si [realmente] estamos viviendo y caminando en la luz, como él [mismo] está en luz, tenemos [verdadero, ininterrumpida] comunión unos con otros, y la sangre de Jesucristo su Hijo nos limpia (elimina) de todo pecado y de la culpa [nos mantiene limpios de pecado en todas sus formas y manifestaciones]."

Sé que este versículo no dice "amor", pero está ahí. ¿Dónde? "... Tenemos cierto, comunión perfecta con los otros ..." Eso requiere amor; que toma el compromiso.

Uno de los mayores errores cometidos por los creyentes hoy en día es a subestimar el valor de asistir a la iglesia y la participación. La iglesia ha sido atacada a través de los siglos por el diablo, por el mundo e incluso por los mismos cristianos. Muchas veces, se oyen cristianos e incluso predicadores criticar a "la iglesia". Al criticar la iglesia, nos criticamos a nosotros mismos; porque somos la iglesia. Jesús dijo que las puertas del infierno no prevalecerán contra la iglesia, y la iglesia de la comunidad de los redimidos ha resistido contra cada asalto y ataque del enemigo. Pensar que se puede ser fuerte, fructífero y fiel sin compromiso, servicio, asistencia y participación en la iglesia local, es ir en contra de todo lo que las Escrituras declaran. Asistir a su iglesia por lo menos dos veces a la semana, participe, conviértase en un "ministro" en su iglesia, utilice sus dones para la edificación del cuerpo de Cristo.

Cristianismo sin asistencia a la iglesia es como morirse de hambre con una cocina llena de comida. Poner a Dios primero incluye el compromiso de ser un miembro activo de una iglesia local. ¿Cómo pueden los cristianos no asistir regularmente a la iglesia? ¿Cómo se puede amar a Dios, y no amar a los hijos de Dios?

Una persona que no asiste a la iglesia a causa de faltas de la gente dice que es mejor que todos los demás. Estamos llamados a ser parte de una comunidad de creyentes y caminar juntos en amor con la familia eclesiástica. El versículo continúa diciendo algo que para mí es un poco misterioso (Ok, tal vez no para ti, pero para mí, que no soy un gran teólogo). Dice: "... si andamos en la luz tenemos comunión unos con otros ..." Ahora cada vez que veo la palabra si, siempre me pregunto si es verdad todo lo contrario. Si tenemos comunión, la sangre de Cristo nos limpia de todo pecado. Así que, si no tenemos el compañerismo; ¿No sera cierto lo contrario? Es lógico pensarlo, o al menos esa es la manera en que yo lo veo.

La comunión no es opcional; es vital! La ausencia de comunión es la ausencia de amor. Si usted no es no está comprometido con la familia de la iglesia, no estás caminando en el amor, y no están disfrutando de los beneficios vitales que nos ha dado Jesús a través de su sacrificio. No puedo decir, "Te quiero, pero no quiero pasar tiempo con usted." No se puede cumplir con todos los mandamientos de Dios en relación con el amor y no ser parte de una comunidad de creyentes. D.L. Moody dijo, "asistencia a la iglesia es tan vital para un discípulo como una transfusión de sangre rica y sana a un hombre enfermo."

El Amor es de Dios

¡El amor ágape es de Dios! La ausencia de Dios es la ausencia de amor, y la ausencia de amor es la ausencia de Dios. Toda capacidad en nosotros de mostrar el verdadero amor viene de Dios. La Biblia dice que, en los últimos días, el amor de muchos se enfriará. Esto se debe a que los hombres se aparten de Dios. Lo vemos hoy en día en nuestra propia nación. Las personas no son sólo ateos; también son anti-Cristo; por lo tanto existe la ausencia de amor.

La paradoja del amor es que cuanto más amor das, más tienes. El amor es el único tesoro que se multiplica por división. Cuanto más usted se lleva de ella y lo das, más se incrementa. Usted puede darlo todo hoy, y mañana por la mañana usted tendrá más. Si retiene su amor, comienza a enfriarse y endurecerse.

En Israel, hay dos mares; el mar de Galilea y el Mar Muerto. El agua fluye hacia y desde el mar de Galilea. El mar de Galilea está viva y llena de vida. El Mar Muerto es otra historia; no da nada, lo retiene todo. Todo lo que le entra se queda allí, y por lo tanto es el mar "muerto". Así es como funciona el amor en nuestras vidas. Mientras el amor sigue fluyendo, nuestras vidas serán fructíferas y vivificantes. Pero si el flujo se detiene, nuestra vida espiritual morirá.

Dios es la fuente del amor. Necesito estar conectado a él, para que su amor pueda continuar fluyendo y aumentando en mí. En tanto amamos a Dios con todo nuestro corazón, mente y fuerza, nuestra capacidad de amar a los demás aumenta.

Todo el que ama ha nacido de Dios y conoce a Dios. La gente dice, "Te amo." Algunos dicen, "Te amo.", y son infieles. Algunos dicen, "Te amo.", y son abusivos. Otras personas se quedan con un abusador y dicen, "Yo lo amo." Esto no es amar. Alguien no puede verdaderamente amar y abusar de usted. Esto no es amor; esto es una mentira. No se puede amar verdaderamente a alguien que abusa de ti; lo que sientes no es el amor, no el amor verdadero porque no te estas amando a ti mismo. Este versículo de la Biblia que dice que todo aquel que es nacido de Dios ama con amor incondicional, el amor verdadero de Dios. ¡Esto quiere decir que la verdadera prueba de haber nacido de Dios es el amor!

El amor de Dios es mayor que la fe y mayor que la esperanza. La fe y la esperanza son grandes por muchas cosas, pero no construyen relaciones. El fruto del Espíritu (Gálatas 5) se trata de construir relaciones.

Gálatas 5:22-23 CEB

APRENDIENDO A AMAR

"Mas el fruto del Espíritu es amor, gozo, paz, paciencia, amabilidad, bondad, fidelidad, mansedumbre y dominio de sí mismo. No existe una ley contra este tipo de cosas."

No dice "... los frutos del Espíritu ..." (plural), sino "... el fruto del Espíritu ..." (singular). Yo lo veo como una granada; una sola fruta, pero por dentro son las numerosos pedacitos pequeñas. Todos ellos juntos conforman el fruto (del Espíritu). Si falta uno, no es completa.

Veo las dos primeras como pertenecientes al amor entre tú y Dios; para encontrar la alegría en él. Alegría en su amor por mí y en mi amor por Él. Ésta relación resulta en paz entre nosotros y la paz en el corazón. Los siguientes cinco pertenecen a mi relación con los demás; longanimidad (o paciencia hacia los que amo), amabilidad, bondad, fidelidad y mansedumbre. Todos tienen que ver con la forma en que trato a los demás. El último, lo veo como el perfeccionamiento de las otras partes del fruto del Espíritu. Es un control de sí mismo para que pueda caminar más plena y continuamente en el Espíritu y seguir manifestando su fruto.

El Espíritu produce amor, el amor produce alegría y la alegría produce paz. De la paz viene la paciencia, de la paciencia viene la amabilidad, de la amabilidad viene la bondad, de la bondad la fidelidad, la fidelidad entonces produce dulzura y ternura. Al fin, de la mansedumbre viene autocontrol.

Si no tienes amor, no tienes nada! Asegúrese de tener el amor. No salgas de casa sin Él. (o llegues a casa sin ella). El amor viene del Espíritu de Dios. Así que si tenemos el Espíritu de Dios en nosotros, entonces el amor debe abundar naturalmente en nosotros; ¿verdad? Sin embargo, hay muchos cristianos que carecen de amor.

Gálatas 5:17-18 NVI
"Porque el deseo de la carne es contra el Espíritu, y el del Espíritu es contra la carne; y éstos se oponen entre sí, para que no hagáis lo que quisiereis. Pero si sois guiados por el Espíritu, no estáis bajo la ley. "

La carne lucha contra el Espíritu, y el principal objetivo de la carne es "detener el amor". El objetivo principal del Espíritu es producir "más amor". Nuestra parte no es para dar fruto (el fruto no proviene de nosotros), nuestra parte es estar en el Espíritu, ceder al Espíritu, vivir en el Espíritu y caminar en el Espíritu. Estas tres cosas son esenciales para nosotros poder hacer esto:

No. 1 Dedicación
Un sentimiento muy fuerte de apoyo o de lealtad a alguien o algo: la calidad o estado de ser dedicado a una persona.

No. 2 Consagración
Hacer o declarar sagrado; especialmente: dedicar de manera irrevocable a la adoración de Dios por un acto solemne; para dedicarse a un propósito con profunda solemnidad o dedicación.

N º 3 La abnegación
Una restricción o limitación de los propios deseos o intereses

Amar va a tomar algo de su parte; usted tiene que decidir, tienes que hacer un compromiso para hacer sacrificios. El Espíritu está luchando por ti, pero la carne está luchando en contra de usted, y la carne es usted. ¡Necesitamos la fuerza! Hay fuerza en Cristo. El amor sólo viene del Espíritu. Sólo el amor puede vencer la carne. El Espíritu Santo solo puede hacer su trabajo de producir amor, cuando permanecemos en Cristo y en su Palabra.

Su mayor problema es su carne; sólo el Espíritu puede derrotar a la carne. La razón primordial por la que no se puede amar lo suficiente para perdonar, ser paciente, no enojarse y amar a sus enemigos es porque la carne se interpone en el camino. ¿Por qué necesito más amor? Mi mayor problema es mi carne, y sólo el amor puede vencer a la carne.

Hay personas que tienen una gran fe para creer en cosas grandes y hacer grandes cosas, pero no pueden llevarse bien con nadie. La mejor forma de llegar a conocer a Dios es dejar que Èl ame a través de usted en sus relaciones familiares.

1 Juan 4:8
"El que no ama no conoce a Dios."

¡Si no amas a los demás, que no conoces a Dios! No es sólo acerca de amar a Dios, pero amarse unos a otros. Tenemos que aprender a amar a los demás. Una vez más, no es una cualidad obtenida, sino una característica aprendida.

Propósito! Practique! Persistir!

Aprender a amar a los demás será un proceso. Aprender a caminar en el amor será como aprender a caminar. Un paso; luego dos, y luego de mucha práctica hasta que haya perfeccionado su caminar. El amor es pensando en alguien antes de ti mismo. Significa compartir su tiempo y atención con alguien, y sin mirar sus defectos, animándoles y ayudándoles cuando están derribados.

Usted tiene que proponerte en tu corazón primero que vas a amar a Dios y amar a los demás a propósito. Tendrá que ser una decisión diaria y el amor debe ser intencional. Esta es la forma de empezar a practicar el amor. Esto significa que cuanto más se practica el amor, mejor amas. Lo que están aprendiendo es cómo hacer que fluya el amor de Dios a través de ti. Por último, debes persistir.

El amor ágape no es sólo un amor blandengue, o un amor que solo te hace sentir bien. No me mal interpreten. Claro que sí, se siente bien amar, pero a veces puede ser difícil y puede requerir un gran sacrificio. Muchas veces, los demás no serán recíprocos, y puede que te sientas rechazado. Seremos tentados a no amar, a ofendernos y ser llenos de amarguras. Habrá momentos en los que requerirá mucho trabajo y gran determinación para seguir amando.

Muchas veces, la persona más difícil de amar somos nosotros mismos. Nos quedaremos cortos, fallamos y pecamos. Cuando llegamos a Cristo, estábamos tan seguros de nuestro amor por él. Le amamos con todo nuestro corazón, pero luego vino la tentación o sea la prueba de nuestro amor. Todos hemos fracasado la prueba de alguna manera u otra.

Pedro dijo: "Señor, voy a morir por ti." Poco después se negó al Señor tres veces. Que grande la culpa y la vergüenza que debió haber sentido cuando lloró amargamente. Nosotros también conocemos esa culpa y vergüenza. Nosotros también hemos llorado amargamente después de haberle negado. Pero podemos saber que su amor por nosotros es incondicional, eterno e inquebrantable. Porque Él nos ama, también podemos aprender a amarnos a nosotros mismos.

AMARSE A SÍ MISMO

Yo no estoy en contra de todas las filosofías seculares sobre el amor propio. Aunque sé que muchos de éstas filosofías tienen su origen en el egoísmo, el orgullo y la arrogancia, yo creo que Dios quiere que tengamos un buen concepto de nosotros mismos y la auto-imagen piadosa. Dios dice, "Porque nadie aborreció jamás a su propia carne, sino que la sustenta y la cuida". (Efesios 5:29)

"¿Cómo puedo amarme a mí mismo y saber que no estoy siendo orgulloso o egoísta?" Pues, ámate a ti mismo con el amor de Dios. Amar lo que Dios ama! Si Dios te ama, te puedes amar con el mismo amor. Yo creo que Dios quiere que nosotros le amemos a Él primero, amar a los demás segundos y amarnos a nosotros mismos. Sólo cuando aprendamos a amarnos a nosotros mismos como Dios lo hace (sin condiciones) podremos realmente empezar a amar a los demás con el mismo amor. También es cierto que nunca nos podremos amar a nosotros mismos con un amor santo y sano hasta que amemos a Dios con todo nuestro corazón; ¡porque Dios es amor!

El amor es la esencia de Dios; es quien Dios es. Es de lo que Dios se trata. Es su propia naturaleza, el amar. Lo que Dios más ama, somos nosotros! Él nos ha creado para derramar su amor en nosotros, para que seamos el objeto de su gran amor. ¡Dios es amor! Él nunca ha dejado de amarnos, ni lo hará. Aún cuando somos rebeldes, viles y aunque hayamos caído mil veces, Dios es amor.

Mira lo que es el amor, no sólo lo hace el amor. El amor hace lo que hace porque el amor es lo que es. Más bien, el amor es a quién va dirigido, el amor es para Dios (Dios es amor). Si Dios mora en nosotros, entonces el amor habita en nosotros y en la medida que amemos, muestra cuánto de Dios está en ti y en mi.

AMOR EN ALTA VOZ

CAPÍTULO III:
LA REVOLUCIÓN DE AMOR ÁGAPE

¿Quieres empezar una revolución? ¡Una revolución que puede cambiar tu vida, cambiar su entorno, cambiar su matrimonio, cambiar a sus hijos, su iglesia, su comunidad y sobretodo cambiar el mundo! El amor de Dios puede hacer eso. No sólo por Dios amando al mundo, pero nosotros amando a Dios y el amor de Dios fluyendo a través de nosotros para amar a los demás. Puede suceder. Está sucediendo aquí y allá. Cuando nosotros, el pueblo de Dios, nos enamoramos de Dios, empezamos una revolución como jamás se ha visto en éste mundo. Yo creo que va a suceder. Yo creo que está sucediendo.

Lucas 10:27
"Entonces él respondiendo, dijo: Amarás al Señor tu Dios con todo tu corazón, con toda tu alma, con todas tus fuerzas, y con toda tu mente; y a tu prójimo como a ti mismo."

Para amar realmente a los demás, primero hay que amar a Dios con todo su corazón, mente, alma y fuerza. Esto fue lo que Jesús llamó el primero y gran mandamiento. Dijo que el segundo era amar a tu prójimo como a ti mismo. Si amas a Dios, verdaderamente te podrás amar a ti mismo y entonces podrás amar a los demás con el mismo amor. El mandamiento que Dios nos da no es sólo que le amemos, sino estar apasionadamente enamorado de él. Es por esto que Él dijo: "... con todo tu corazón, alma, fuerza y mente ..."

Amar a Dios no es lo mismo que estar enamorado de Dios. El primero indica una mentalidad y una decisión; el segundo, una relación apasionada y un romance. Necesitamos ambos. El amor apasionado es lo que falta en la vida de muchos creyentes. Muchos aman a Dios intelectualmente, pero no con pasión. Algunos ni siquiera le dicen a Dios que lo aman y su racional es, "Yo no tengo que decirle, yo se lo muestro."

Esto me recuerda a la mujer que le dice a su marido: "Tu ya no me dices que me amas." A lo que el marido responde, "Te lo dije hace veinte años cuando nos casamos. Si cambio de opinión, te lo haré saber."

A Dios le encanta cuando le decimos que lo amamos; ¡esto se llama alabanza! Te recomiendo que leas los Salmos. Estos fueron cartas de amor de David a Dios. ¿Usted le ha escrito cartas de amor a Dios? Si nunca lo has hecho, deberías intentarlo. Funcionó para David.

Aquí hay una de mis cartas de amor a Dios:

"Me llamastes por mi nombre, sabiendo que te iba a fallar de nuevo. Tú conocías todo pecado, cada pensamiento oscuro, y aún me animaste a seguir hacia la meta. Tu sabías que yo te amaría a través de la tormenta y por el fuego. Sabías que mi amor no podía ser detenido, ni por pecados necios, ni las mentiras de Satanás. Este, mi amor no se puede detener, porque me amaste primero y ahora te estoy amando a Ti."

Enamorarte de Dios marcará el comienzo de una revolución en todas las áreas de tu vida.

Re-vo-lu-ción:
"Un cambio repentino, cambio completo o cambio marcado en algo"

"Enamorarse de Dios ..." Probablemente estás pensando, "Yo amo a Dios." Pero yo no te estoy preguntando si amas a Dios, sino, "¿Estás enamorado de Dios?" Podrías decir, "Amo mi vida" o, "Amo mi perro." o, "Amo la pizza." pero nunca has dicho, "Yo estoy enamorado de pizza o estoy enamorado de mi perro." Bueno, supongo que no. El verdadero amor sólo se puede encontrar en una relación con otra persona, y aún así, gran parte de lo que se llama "amor" hoy es sólo la lujuria.

Así que muchos están enamorados con el dinero o el placer, pero no es el verdadero amor. Esto es amor carnal; que es la lujuria. Por lo tanto, muchos se casan debido a la pasión, pero muchas veces la pasión muere, y ellos buscan una nueva pasión. En nuestra vida cristiana, no es suficiente amar "las cosas de Dios", amar el ministerio, amar el servicio del domingo y amar la iglesia. ¡Dios exige ser tu primer amor!

Jesús le pregunta a Pedro tres veces, "¿Me amas?" No le preguntó, "¿Me servirás?" Ni le preguntó, "¿Me seguirás?" Cristo le preguntó, "¿Me amas más que todo?" Entonces Pedro respondió, "Me agradas mucho." ¡Eso no es suficiente!

Cristo seguirá preguntándote hasta que le respondas apasionadamente, gritando, "¡TE AMO!" Jesús dice en Mateo 22:37-40 que el mayor de todos los mandamientos es, "Amarás al Señor tu Dios con todo tu corazón, mente, alma y fuerzas." Es por esto que Jesús le dice a la Iglesia de Éfeso, "Tengo algo contra ti. Eres una gran iglesia, que tiene grandes obras, que tienen gran discernimiento, que hacen grandes sacrificios, que son personajes influyentes, pero ya no tienes amor apasionado por mí."

Una persona que está enamorada de Dios se verá afectada por este amor en cada área de su vida. Este amor producirá una entrega total, y la persona enamorada de Dios no será capaz de resistirse a la obediencia plena. Tampoco podrá resistirse de entregarse sin reservas al servicio de Dios. El adorar a Dios y darle ofrendas fluirá desde el amor ágape.

¿Usted está bajo la influencia del amor ágape, embriagado con su amor por Dios? Una persona enamorada de Dios se siente como David cuando dijo, "Como el ciervo brama por las corrientes de aguas, así clama mi corazón por ti, oh Dios." En 2 Corintios 5:14 dice, "El amor de Dios domina nuestras vidas" El amor de Cristo me ha movido a tales extremos, a dejarlo todo y hacer sacrificios. Su amor tiene que ser la primera y la última palabra en todo lo que hacemos. Su amor nos domina con poder irresistible que nos limita a un gran objeto y hace excluir otros objetos. En el lenguaje griego esta frase tiene la connotación "para comprimir la fuerza las energías en un solo canal." El amor es celoso de cualquier objeto rival que apasione el alma. Se trata de un celo piadoso, justo, santo que el apóstol Pablo experimentó para/con la iglesia en Corinto cuando estaban siendo trasladados lejos de su verdadero amor, Jesús (2 Co 11:1-3). "¡Oh, que tengan paciencia conmigo en una pequeña locura, y de hecho ustedes tienen paciencia conmigo. Porque os celo con celo de Dios. Pues os he desposado con un solo esposo, que para presentaros como una virgen pura a Cristo." Dios es un Dios celoso. La idolatría es tener hambre de algo, más que el hambre que tenemos por Dios. La idolatría es amar algo más de lo que ama a Dios.

El amor es poderoso. Toma el control de tu vida, y por eso Dios exige la prueba de nuestro amor por Él.

LA REVOLUCIÓN DE AMOR ÁGAPE

Juan 15:15
"Si me amáis, guardad mis mandamientos".

En Gálatas 5:6 leemos que, "La fe obra por el amor ..." No es ni por la tradición o ni la religión, ni una fuerza de la costumbre o ni por ambición; ¡La fe obra por el amor! Los héroes de la fe en Hebreos 11 se intoxicaron con su amor por Dios. Los apóstoles estaban enamorados de Dios. Aquellos que hoy abandonan todo para servirle, que van a la selva y las partes no alcanzados de la tierra, lo hacen obligados por el amor ágape. ¿Qué vas a hacer hoy a causa del amor que Dios te ha dado, y debido a que tu corazón está ardiendo apasionadamente por Dios?

A la edad de dieciocho años, supe de Jesús por lo que me habían dicho los demás, pero nunca había leído una Biblia o escuchado a alguien predicar el evangelio. Yo estaba viviendo en los Estados Unidos, pero yo era probablemente tan ignorante como alguien que vive en un país donde el evangelio no ha llegado. En resumen, yo había crecido casi en un entorno sin Dios. Después de asistir a la iglesia por segunda vez (de gran necesidad personal), le entregué mi vida a Dios, y le pedí a Jesucristo que fuera mi salvador y que entrara en mi vida y mi corazón. Yo le pedí que me diera un corazón nuevo y que cambiara mi vida. No fue un gran conocimiento de la palabra de Dios que me cambió la vida; no fue la persuasión elocuente o algún bombo emocional. Lo que cambió y revolucionó mi vida para siempre fue que Jesús me enamoró.

Me enamoré locamente de Él. Él consume mis pensamientos, mi tiempo, mis sueños, mi vida y lo sigue haciendo hasta el día de hoy. No hay nada que yo no haría por Él. No hay nada que no sacrificaría a causa de su gran amor por mí. He visto a personas venir a Cristo por necesidad, en búsqueda de ayuda, en búsqueda de la liberación y Dios escucha fielmente su clamor y los libra de la esclavitud. Sin embargo, algo falta. Son como los nueve leprosos que van en camino. A pesar de que podían haber sido agradecidos por lo que recibieron, ellos nunca lo hicieron. Ellos nunca se dieron cuenta de que la razón de que Dios entró en sus vidas miserables era porque quería tener una relación de amor con ellos. Sólo uno regresó; sólo uno se cayó a sus pies; sólo uno se enamoró de Él.

EL AMOR TE DA PODER

La letra de la vieja canción "Love Will Keep Us Together" (El amor nos mantendrá juntos) timbra como una verdad en relación a nuestra relación con Dios. No es nuestro amor, sino principalmente el amor de Dios. Es su amor primordialmente, y ante todo, que se encarga de nuestra perseverancia. Romanos 8:35-39 NVI dice: "¿Quién nos separará del amor de Cristo? ¿La tribulación, la angustia, la persecución, el hambre, la desnudez, el peligro, la espada? Como está escrito: Por causa de ti somos muertos todo el tiempo: Somos estimados como ovejas al matadero. Antes, en todas estas cosas somos más que vencedores por medio de aquel que nos amó. Porque estoy convencido de que ni la muerte ni la vida, ni ángeles, ni principados, ni potestades, ni lo presente ni lo por venir, ni lo alto ni lo profundo, ni ninguna otra cosa creada nos podrá separar del amor de Dios que está en Cristo Jesús Señor nuestro."

¡Wow, wow, wow! ¿Lo vistes? ¡Es su amor que nos hace más que vencedores y nada, absolutamente nada, puede quitárnoslo! Sí es cierto que le amamos. Sí es cierto que nos esforzamos por agradar a Dios. Sí es cierto que perseveramos y perduramos pero; ¡Nunca podríamos hacerlo sin su amor! Nunca podríamos hacer nada de eso si Él dejara de amarnos.

LA REVOLUCIÓN DE AMOR ÁGAPE

¿Quieres iniciar una revolución; una revolución del amor? Eso es lo que hizo Jesús. Él amaba a sus discípulos y Él amaba a la gente. E inclusive, Él amó a los soldados romanos que lo crucificaron, y oró por ellos diciendo, "Padre, perdónalos." ¿Quieres comenzar una revolución? Haz lo que dice Jesús en Lucas 6:1, "Amad a vuestros enemigos." Ama a los que te maltratan; los que te toman en poco, los que te fallan y sí, los que te causan daño también.

En el versículo 32 Jesús dice, "Pero si amáis a los que os aman, ¿qué mérito tenéis? También los pecadores hacen lo mismo." Entonces, en el versículo 35, "Amad a vuestros enemigos, haced bien, y prestad, no esperando de ellos nada; y será vuestro galardón grande, y seréis hijos del Altísimo." Aunque no lo creas, sí, esto está en la Biblia. Anda, búscalo y léelo tu mismo.

¡Vamos a empezar una revolución del amor! Este es uno de los factores que impulsaron el movimiento de Jesús de los años 70 (soy testigo, yo estuve allí). Con todos nuestros defectos y problemas, nos enamoramos de Jesús y extendimos ese amor por todas partes. Necesitamos una nueva generación de gente enamorada. Necesitamos una nueva generación que caiga locamente, profundamente, radicalmente, de cabeza sobre los talones en amor con Jesús. Necesitamos una generación que no se avergüence de amar a Jesús, ¡EN ALTA VOZ!

CAPÍTULO IV
DEJAR QUE DIOS AME A TRAVES DE NOSOTROS

Yo estoy enamorado de Dios! en Él estoy completo. Voy a dar mi vida por Él. Yo pongo todo a sus pies. No quiero volver a amarlo menos. No quiero volver a darle menos. Prefiero perder todo que amarle menos. Él me cambió en un instante. Él llenó mi corazón de su gloria; Ganó mi amor. Él me hace suspirar.

1 Juan 4:19
"Nosotros le amamos porque Él nos amó primero"

Hablé de mi experiencia con el amor de Dios en mi introducción. Si lo desea, puede volver atrás y leer lo de nuevo y recordar su primera experiencia con su gran amor. Es increíble cuando experimentamos su amor por nosotros - intelectualmente, emocionalmente y espiritualmente. Es algo más que una experiencia religiosa. He conocido a muchos que han tenido una experiencia religiosa o espiritual, pero sin experimentar plenamente el amor de Dios. Para disfrutar por completo de su amor, tenemos que hacer lo con el cuerpo, alma y mente. Sí, es difícil de explicar; es inconmensurable. Pablo oró por los Efesios (Efesios 3:17-19), "Que Cristo habite en sus corazones por la fe; para que, arraigados y cimentados en amor, seáis plenamente capaces de comprender con todos los santos cuál es la anchura y la longitud, la profundidad y la altura - de conocer el amor de Cristo que sobrepasa todo conocimiento; para que seáis llenos de toda la plenitud de Dios."

Lo siento, pero tengo que decirlo. "¡WOW!" Conocer su amor en 3D! Su amor es infinito dimensional, y podemos conocer Su amor más y más. Pero excede a todo conocimiento; es que tiene que ser conocido y experimentado personalmente en 3D. 1 Juan 3:1 dice: "Mirad cuál amor el padre nos ha dado, para que seamos llamados hijos de Dios…" (Me encanta cuando hay un signo de exclamación en la Biblia!) Esta es la grandeza de su amor por nosotros, que Él se llama a sí mismo nuestro Padre, y nos llama Sus hijos. No puedes amar a tus hijos más que Dios ama a sus hijos. Te diré algo, yo amo a mis hijos y mis nietos. Por mucho que los amo y haría cualquier cosa por ellos-no creo que jamás podrían hacer nada para hacerme dejar de amarlos, pero Dios nos ama más que todo eso!

Amar a Dios es una reacción razonable a la experiencia de su gran amor. Si alguien no ama a Dios, sólo puedo creer que nunca han experimentado (o no están experimentando) su gran amor. Nuestro amor por Él es nosotros respondiendo al conocimiento de lo mucho que Él nos ama.

Hace poco, vi un video sobre un pastor descarriado joven que vivía bajo la culpa, la vergüenza y la condena hasta el punto de que estaba viviendo como un vagabundo harapiento. Un día, en una campaña al aire libre, Dios le dijo a un predicador que le diera su anillo costoso a aquel maloliente, sucio, vagabundo harapiento. Sin saber quién era ese vagabundo, el predicador le dijo que fuera al frente. Mientras caminaba hacia el frente, toda la gente comenzó a ponerse de pie. El predicador no podía saber por qué las personas reaccionan de esta manera. No sabía que este hombre había sido un evangelista prominente juvenil que ministró bajo una unción poderosa, y que había sido usado por Dios para hacer llegar a muchos jóvenes a los pies de Jesus. Este ministro de la juventud había sido víctima de una bruja que se había propuesto seducirlo. Cuando finalmente cayó con esta mujer, ella le dijo que había sido enviado para hacerle caer y que Dios nunca le perdonaría. Había caído en esta vida de la desesperación y la desesperanza, pero ahora Dios estaba haciendo lo inesperado para reunir a Su amada de nuevo a sí mismo. Cuando llegó a la parte delantera, Dios confirmó su gran amor por él, y el joven fue totalmente restaurado! ¿Este hombre dejo de amar a Dios? Creo que lo hizo, pero era porque no podía experimentar el amor de Dios. Sólo podemos amar cuando respondemos a su amor por nosotros.

Cuando caminamos en Su amor, entonces, amar a los demás es el subproducto natural de ese amor. Hay tantas cosas en la Biblia que hablan sobre el amor a los demás, especialmente en el libro de 1 Juan. Eche un vistazo: Se inicia en
1 Juan 2:5, "Pero el que guarda su palabra, en éste verdaderamente el amor de Dios se ha perfeccionado en él. En esto conocemos que permanecemos en él."

Vivir la Palabra de Dios perfecciona nuestro amor; por esto es tan importante leer la Biblia y vivir en el poder de la palabra de Dios. Jesús dijo en Juan 14 que si permanecemos en Él, y Él permanece en nosotros, vamos a dar mucho fruto. ¿Cómo sabemos si hemos permanecido en Cristo; Porque leemos la Biblia y oramos todos los días? y / o vamos a la iglesia tres veces a la semana? Sí, pero más que todo esto, es porque su amor sigue creciendo y mostrando se en nuestras vidas.

1 Juan 2:10
"El que ama a su hermano permanece en la luz, y no hay causa de tropiezo en él."

Ahí está otra vez, la palabra "amor" y la palabra "permanecer" en el mismo versículo. Esta vez, se dice que el amor nos mantiene en la luz, y si nos amamos el uno al otro, no causamos que nuestros hermanos tropiecen o que sean ofendidos.

1 Juan 3:10
"En esto, los hijos de Dios y los hijos del diablo son evidentes: el que no practica la justicia no es de Dios, ni tampoco el que no ama a su hermano."

Hay hijos de Dios, y los hijos del diablo. Todos somos creación de Dios, pero eso no nos hace Sus hijos. No somos todos los hijos de Dios. Se nos da ese lugar cuando recibimos nuestra nueva naturaleza en nuestro renacimiento. Hay dos cosas presentes en los hijos de Dios; primero una vida de justicia practicada, y en segundo lugar; el amor hacia nuestros hermanos en Cristo.

1 Juan 3:14
"Nosotros sabemos que hemos pasado de muerte a vida, en que amamos a los hermanos. El que no ama a su hermano, permanece en muerte."

Jesús dijo: "El que cree en mí, aunque esté muerto, vivirá." El amor es la evidencia de que tenemos vida eterna en nosotros! El amor demuestra nuestra fe - no son los milagros, sanidades, o grandes logros. El amor es lo que da evidencia de nuestra fe.

1 Juan 3:16
"En esto hemos conocido el amor, en que él dio (puso) su vida por nosotros, también nosotros debemos poner nuestras vidas por los hermanos."

El saber que Dios me ha amado más allá de todos los límites es lo que me obligará a ir al mundo y amar a los demás de la misma manera ¿Cuántas veces tenemos la oportunidad de realmente "dar la vida" por uno de nuestros hermanos en Cristo? Aquí, Dios está diciendo que nos amemos unos a otros con nuestras vidas; estar dispuestos a dejar que Dios ame a los demás a través de nosotros, dar nuestras vidas por los demás. ¿Cómo puede saber si usted es capaz de dar la vida a uno de sus hermanos? Si no podemos compartir "nuestros bienes" con un hermano en necesidad, entonces no podemos ni siquiera pensar que estaríamos dispuestos a dar nuestra vida por ellos. El siguiente versículo explica esto.

1 Juan 3:17
"Pero el que tiene bienes de este los mundos, y ve a su hermano tener necesidad, y cierra contra él su corazón, ¿cómo está el amor de Dios en él?"

La respuesta a la pregunta? No está. Si no estamos dispuestos a dar algo de nuestro dinero para ayudar a un hermano que tiene una verdadera necesidad, entonces el amor de Dios no permanece en nosotros.

1 Juan 4:11
"Amados, si Dios nos ha amado de tal manera, debemos también nosotros amarnos unos a otros."

Hay las familiares palabras "de tal manera." He oído estas palabras. Están en Juan 3:16: "Porque de tal manera amó Dios al mundo que dio a su Hijo unigénito para que todo aquel que en él cree no se pierda, mas tenga vida eterna;" debemos de amar a los demás con el mismo amor con que Dios nos ha amado a nosotros. El amor sacrificado; un amor que dio lo mejor; un amor que "no escatimó ni a su propio Hijo, sino que lo entregó libremente por nosotros."

"Yo creo que Él quiere que amemos a los demás, de tal manera que nos vamos a los extremos para ayudarlos."
Francis Chan, Crazy Love:

1 Juan 4:12
"Nadie ha visto a Dios en cualquier momento. Si nos amamos unos a otros, Dios permanece en nosotros y su amor se ha perfeccionado en nosotros."

Nadie puede ver a Dios; Él es el Dios invisible. Entonces, ¿como puede darse a conocer? Como el viento, no puedes verlo, pero se puede sentir! Usted no puede verlo, pero usted puede ver los árboles en movimiento; se sienten los efectos del viento. El amor es el efecto de Dios en nuestras vidas. Otros ven a Dios por medio de nuestro amor, pueden sentir a Dios a través de nuestro amor; pueden ser movidos por el amor de Dios que está en nosotros y fluye a través de nosotros. El amor de Dios se ha perfeccionado a medida que permitimos que crezca y sea demostrado en nuestras vidas. La gente ve el amor de Dios, cuando amamos en alta voz!

37 maneras de amarse unos a otros

1. Sed afectuosos unos con otros. (Romanos 12:10)
2. Dar preferencia a otros. (Romanos 12:10)
3. Ser del mismo sentir unos con otros. (Romanos 12:16)
4. Aceptar nos el uno al otro. (Romanos 14:1)
5. Aceptar nos el uno al otro. (Romanos 14:1-5; 15:07)
6. Estimar el uno al otro. (Rom. 14:05;. Filipenses 2:3).
7. Edificar nos unos a los otros. (Rom. 14:19;. 1 Tesalonicenses 5:11)
8. Amonestados los unos a los otros. (Romanos 15:14)
9. Servir unos a otros. (Gálatas 5:13)
10. Llevad los unos las cargas de los otros. (Gálatas 6:2)

DEJAR QUE DIOS AME A TRAVES DE NOSOTROS

11. Sea amable con los demás. (Efesios 4:02)
12. Antes sed benignos unos a los otros. (Efesios 4:32)
13. Hable verdad unos a otros. (Efesios 4:25; Colosenses 3:09)
14. Someteos unos a otros. (Efesios 5:21).
15. Mostrar compasión el uno al otro. (Col. 3:12)
16. Soportándoos unos a otros (Col. 3:13)
17. Perdonarnos unos a otros. (Col. 3:13)
18. Enseñándoos y amonestándoos unos a otros. (Col.3: 16; Ef 5:19.)
19. Confortaos unos a otros. (1 Tesalonicenses 4:18)
20. Anímense unos a otros. (1 Tesalonicenses 5:11)
21. Vivan en paz unos con otros. (1 Tesalonicenses 5:13)
22. Buscad el bien por los demás. (1 Tesalonicenses 5:15)
23. Anímense unos a otros. (Hebreos 3:13)
24. Estimular entre sí para el crecimiento espiritual. (Hebreos 10:24)
25. Anímense unos a otros. (Hebreos 10:25)
26. Confesar pecados unos a otros. (Santiago 5:16)
27. Orad unos por otros. (Santiago 5:16)
28. Sea sufrido y paciente hacia los demás. (1 Pedro 4:8;. Ef 4:02)
29. Sed hospitalarios unos con otros sin quejarse. (1 Pedro 4:9)
30. Servir unos a los otros. (1 Pedro 4:10;. Gal 5:13)
31. Revestíos de humildad en vuestro trato mutuo. (1 Pedro 5:5)
32. Mostrar afecto santo entre sí. (1 Pedro 5:14)
33. Tener comunión los unos con los otros. (1 Juan 1:7)
34. Negarse a ser resentidos hacia los demás. (1 Juan 3:11-12)
35. Suplir las necesidades del otro. (1 Juan 3:16-17)
36. Lucha juntos contra el temor. (1 Juan 4:18)
37. Caminar en la verdad juntos. (1 Juan 3:18; 2 Juan 1:5)

Juan 13:35
"En esto conocerán todos que sois mis discípulos, si os tenéis amor los unos a los otros."

Este versículo es increíble! La gente va a saber que seguimos a Jesús, que somos la cosa real, cuando nos ven amarnos unos a otros! El amor será lo que convence a la gente. Creo que uno de los factores clave que marcará el comienzo de un poderoso avivamiento y cosecha de almas es cuando nosotros, el pueblo de Dios, comenzamos a amar a Dios y unos a otros como Él manda.

1 Juan 4:17,18
"En esto se perfecciona el amor en nosotros, para que tengamos confianza en el día del juicio, pues como El es, así somos también nosotros en este mundo. 18 En el amor no hay temor, sino que el perfecto amor echa fuera el temor, porque el temor involucra castigo, y el que teme no es hecho perfecto en el amor."

Nuestro amor se perfecciona no en amar a Dios, pero en el amor unos con otros. Hay tantos creyentes que aman a Dios, pero no pueden amar a los demás. Dios es fácil de amar! La verdadera prueba de amor es cuando podemos amar a las personas imperfectas; gente que puede ser ofensivo, grosero, arrogante, egoísta, irracional, desconsiderado ... debo seguir? Sí, somos nosotros; personas imperfectas! Pero el amor se ha perfeccionado en que podemos amar a los demás con un amor sincero, ferviente y visible. Nunca vamos a andar como Él. anduvo hasta que aprendamos a amar como Él. ama. Entonces, tendremos confianza ante Dios. Cuando estamos delante de Dios, no vamos a estar pensando en si o no terminamos el proyecto de construcción, o lo bien que esas canciones salieron el domingo por la mañana. No vamos a estar preocupados en cuanto a cuántos ministerios teníamos en nuestra iglesia o cuántas campañas o conferencias dimos. No vamos a estar pensando: "Tal vez Dios me va a juzgar porque no visité bastantes países."

La cosa principal en nuestra mente - y en la mente de Dios, creo - que será, "¿Cómo trate a mis hermanos? ¿mostré el amor a todo el mundo? "Si usted ha caminado una vida de" amor ferviente por los hermanos ", el Señor estará contento con usted! Si no, entonces usted va a tener temor cuando se pone de pie delante de Él. en el juicio. No creo que sólo seremos juzgados que tan libre de los conflictos con otros pudimos vivir nuestra vida, pero ¿con cuanto fervor y cariño fui capaz de amar a los hijos de Dios. Estábamos dispuestos a hacer sacrificios para ayudar a los necesitados, y para perdonar y amar, incluso a los que nos ofenden?

"¿A que se parece el amor? Amor tiene manos para ayudar a otros. Tiene pies para apresurar a los pobres y necesitados. Tiene ojos para ver la miseria y la necesidad. Tiene orejas para oír los suspiros y las tristezas de los hombres. Eso es lo que parece el amor ".
San Agustín

Cuando amamos en alta voz, otros ven nuestro amor; no se les puede pasar. Es como estar en una habitación tranquila, y alguien viene gritando; todos se dan vuelta para ver. Eso es lo que quiero! Quiero vivir mi vida tan llena de amor de Dios que cuando los demás se acercan a mí, que reciben el amor de Dios por todos lados. Quiero amor en alta voz.

AMOR EN ALTA VOZ

CAPÍTULO V: AMAR A DIOS A TRAVES DE NUESTRA ADORACION

Mi corazón clama por ti, yo levanto mis manos para adorar, yo estoy en asombro de Ti; Quiero ver tu cara. Usted es mi única fuerza, mi confianza está en ti. Mi luz, mi roca, mi amigo; no me dejas caer. Mi corazón grita, mi espíritu ora; acerca te a mí, y llévame más cerca a ti. Mi corazón clama por ti, Padre quiero más. Mi corazón clama por ti, Espíritu Te quiero más. Mi corazón clama por ti, Jesús, Te quiero más, más que nada, más que nada.

Cuando yo lo adoro, me siento completo, satisfecho y muy amado. Cuando derramo mi amor en Él - simplemente dejar mi amor surgir de lo más profundo de mi corazón, a veces en una canción, a veces en la oración, a veces en gemidos, casi siempre con lágrimas - no hay nada comparable.

Cuando llegué por primera vez a Cristo, viniendo de una vida de oscuridad y las drogas, después de que había pasado un tiempo adorando en su presencia, yo decía que me había dado una sobredosis del Espíritu Santo. Pero incluso eso no puede describir lo que experimento cada vez que entro en ese lugar de adoración; donde yo derramo mi corazón a Él y Él derrama Su gran amor en mí. Una vez, mientras estaba adorando, Dios habló a mi corazón y me preguntó: "Emilio, ¿sabes lo que me gusta de ti?" "No, Dios. No sé lo que te gusta de mí, ¿qué es? ", Le contesté. "Lo que me gusta de ti", continuó diciendo me, "es que no te avergüenzas de alabarme, no importa dónde te encuentras." Me encanta alabarle; Me encanta estar en su presencia. Adorar a Dios es sólo eso, adorándolo. La adoración se define como; "mostrar la profunda devoción religiosa y el respeto a; adorar o venerar, que se dedicará a y estar lleno de admiración por, tener o expresar sentimientos de profunda adoración. "

La palabra más común en el Nuevo Testamento para la adoración es Proskuneo (προσκυνέω - pros-Ku-ne'-O). Esta palabra aparece sesenta veces en el Nuevo Testamento; 57 de los cuales están en los cuatro Evangelios, Hechos y Apocalipsis (los otros tres casos se presentan en 1 Corintios 14, Hebreos 1, y Hebreos 11). Originalmente llevaba consigo la idea de sujetos que caían hasta besar el suelo antes de un rey o de besar sus pies. La definición literal significa "besar, como un perro que lame la mano de su amo, adular o agacharse a, homenaje (hacer reverencia a, adorar): la adoración."

Mateo 4:1 "Jesús le dijo:" Vete, Satanás! Porque está escrito: Adorarás al Señor tu Dios, ya él sólo servirás."

Aquí podemos ver que la adoración pertenece sólo a Dios. Aunque los demás seres creados pueden buscar adoración, sólo Dios es digno de nuestra adoración.

Mateo 8:2 "Un hombre con lepra se acercó y se arrodilló ante él y le dijo:" Señor, si quieres, puedes limpiarme."

La adoración puede darse debido a una gran necesidad en nuestra vida. Venir a Dios con fe en nuestro tiempo de necesidad es agradable a Él, y le honra.

Marcos 5:6 "Cuando vio a Jesús desde lejos, corrió y se postró delante de él."

AMAR A DIOS A TRAVES DE NUESTRA ADORACION

A medida que Dios se acerca a nosotros, somos atraídos a la adoración. Su majestad y bondad nos hace correr a él y caer de rodillas delante de él.

Lucas 24:50-53
"Entonces los condujo fuera de la ciudad, hasta cerca de Betania, y alzando sus manos, los bendijo. Y aconteció que mientras los bendecía, se separó de ellos y fue llevado arriba al cielo. Ellos, después de adorarle, regresaron a Jerusalén con gran gozo, y estaban siempre en el templo alabando a Dios".

¡Esto es maravilloso Jesús bendijo a sus discípulos, y después ascendió al cielo! Después de que hubo ascendido, lo adoraron! Esta fue la primera vez que Jesús recibió adoración mediante la fe. Con razón Pedro escribió en 1 Pedro 1:8. "a quien sin haberle visto, le amáis, y a quien ahora no veis, pero creéis en El, y os regocijáis grandemente con gozo inefable y lleno de gloria," Nuestra fe es aún mayor, ya que adoramos por fe Aquel a quien nunca hemos visto con ojos humanos. ¿Que es lo que genera nuestra adoración? Amor! A pesar de que no lo hemos visto lo amamos, y ¡oh, cómo lo amamos! ¿Puede usted imaginar Su alegría al ver nuestra fe, como amamos con tanta pasión aquel de quien sólo hemos oído hablar? El que nunca hemos visto, solo con nuestros ojos de la fe? Miren lo que pasó después de que adoraban. No solo que regresaron a Jerusalén; pero ¡regresaron con gran alegría! No sólo alegría, sino gran alegría. Más tarde, el apóstol Pedro lo llama "gozo inefable". Me gusta que la Biblia King James lo llama "gozo inefable y lleno de gloria", y la canción vieja añade, "y solo se me ha contando la mitad". Eso es lo que sucede cada vez que adoramos; nuestros corazones están llenos y rebosando de incontenible, inexpresable, alegría!

Juan 4:23 "Mas la hora viene, y ahora es, cuando los verdaderos adoradores adorarán al Padre en Espíritu y en verdad, porque tal adoradores son los que el Padre busca."

Hubo un punto en que mi corazón deseaba una posición, y el Señor me corrigió preguntando me: "Emilio, ¿qué quieres ser?" Mencionó algunas posiciones que podría haber aspirado. Pero casi inmediatamente, la respuesta que Dios quería salió de la profundidad de mi corazón y le respondí; "Quiero ser un adorador." Hay muchas cosas que quiero hacer en la vida, pero lo que quiero ser en la vida es un adorador. En verdad, esto es lo que Dios busca, verdaderos adoradores. ¿Cuál es la verdadera adoración? Primero echemos un vistazo a la verdad de la adoración; Dios busca adoradores que adoran en verdad. La obediencia, sacrificio y Expresión.

1. Obediencia

La adoración fluye de tu amor a Dios como una verdadera adoración (en

espíritu y en verdad). "Si me amáis guardad mis mandamientos." (Juan 14:15) No te bautices o lleves a cabo tus deberes espirituales porque sientes una obligación religiosa o moral; más bien hazlo, porque amas a Dios y quieres caminar en obediencia a él.

2. Sacrificio 2 Samuel 24:24-25

"Pero el rey dijo a Arauna: No, sino que ciertamente por precio te lo compraré, pues no ofreceré al Señor mi Dios holocausto que no me cueste nada. Y David compró la era y los bueyes por cincuenta siclos de plata. Y allí edificó David un altar al Señor, y ofreció holocaustos y ofrendas de paz. El Señor escuchó la súplica por la tierra y la plaga fue detenida en Israel."

La adoración nos debe costar, el tiempo, el yo y las finanzas.

3. Expresión

No hay adoración inexpresada - ya sea de rodillas, ofreciendo un sacrificio, levantando manos o en canto - la adoración es un verbo. Hay diferentes maneras de expresar, pero nunca debemos limitarnos a un solo estilo o forma de expresión. Debemos expresar nuestro amor por él en todos las formas posibles.

El versículo de la Biblia (Juan 4:23) dice que Dios busca adoradores que le adoren en espíritu. El espíritu de nuestra adoración es que nuestra adoración, toda ella; debe provenir de nuestro profundo amor, apasionado por nuestro Señor!

En Marcos 10:21,22 leemos; "Entonces Jesús mirándole, le amó," Una cosa te falta: anda, vende todo lo que tienes y dalo a los pobres, y tendrás tesoro en el cielo; y venir, toma tu cruz, y sígame. "Pero él estaba triste por esta palabra, se fue triste, porque tenía muchas posesiones."

¿Qué tiene esto que ver con la adoración? Por favor, quédate conmigo. El Señor estaba pidiendo a este joven a cambiar una fortuna por una cruz. La Biblia dice que él estaba triste porque tenía muchas posesiones. ¡Qué contraste con aquellos discípulos que habían renunciado a todo. Ellos volvieron a Jerusalén después de haber adorado al Jesús que no podían ver, y volvieron con gran alegría! Usted ve, el versículo dice: "Jesús amaba a este joven rico", pero este hombre no podía amar a Jesus. Él no tenia una adoración que ofrecer. Obediencia: "Ven y sígueme". Sacrificio: "Vende todo lo que tienes." Expresión: "Ámame, demuestra que me amas; sígueme ".

Apocalipsis 5:14 "Dijeron los cuatro seres vivientes," Amén ", y los ancianos se postraron y adoraron."

El cielo es un lugar lleno de adoración. ¿Te imaginas lo que será expresar nuestro amor a Él por toda la eternidad? Cada vez que pusiéramos nuestros ojos en Él, nos sentiremos atraídos a la adoración. Su gloria constantemente nos llevaría a la adoración. ¿Nunca se cansara Dios de recibir toda esta adoración? ¡Nunca!

Apocalipsis 4:11 dice: "Tú eres digno, oh Señor, de recibir la gloria y la honra y el poder; porque tú creaste todas las cosas, y por tu voluntad existen y fueron creadas."

Colosenses 1:16 dice: "Porque en él fueron creadas todas las cosas que hay en los cielos y las que hay en la tierra, visibles e invisibles, sean tronos, sean dominios, sean principados, sean potestades. Todo fue creado por medio de Él y para Él ".

¿Lo has entendido? Todo fue creado para Él, todas las cosas fueron creadas para adorarle. A Dios le encanta que le adoremos mediante una vida de obediencia y sacrificio. Él quiere que le adoremos con todo nuestro corazón, con todo nuestro amor. Es por eso que el primer mandamiento es "amarlo con todo nuestro corazón, alma y fuerzas." Me gusta lo que

David dice en los Salmos; "Bendice alma mis a Jehová y bendiga todo mi ser su santo nombre." Todo lo que está dentro de mí; todas mis fuerzas, todo mi ser, toda mi vida, lo bendicirá.

Salmos 95:2 "Vengamos ante su presencia con acción de gracias;
aclamémosle con salmos."

Salmos 16:11 NVI
"Me darás a conocer la senda de la vida; en tu presencia hay plenitud de gozo; en tu diestra, deleites para siempre ".

No todos los que entran en su presencia son verdaderos adoradores. Algunos son como el joven rico, que estaba triste porque no podía ofrecer la verdadera adoración a Jesús. Pero todos somos llamados a ser verdaderos adoradores; a hacer los sacrificios y caminar por el camino de la obediencia, y estar dispuestos a cambiar nuestra fortuna por una cruz, para seguirlo y amarlo en alta voz.

Lucas 7: 36-47

Uno de los fariseos invitó a Jesús a comer, así que Jesús fue a la casa del fariseo y se sentó a la mesa. Cuando una mujer de la ciudad, que era pecadora, se enteró de que Jesús estaba a la mesa, en la casa del fariseo, llegó con un frasco de alabastro lleno de perfume. Llorando, se arrojó a los pies de Jesús y comenzó a bañarlos con lágrimas y a secarlos con sus cabellos; también se los besaba, y los ungía con el perfume. Cuando el fariseo que lo había convidado vio esto, pensó: «Si éste fuera profeta, sabría que la mujer que lo está tocando es una pecadora.» Entonces Jesús le dijo: «Simón, tengo que decirte algo.» Simón dijo: «Dime, Maestro.» «Un acreedor tenía dos deudores: uno le debía quinientos denarios, y el otro cincuenta. Como ninguno de los dos podía pagarle, les perdonó la deuda a los dos. Ahora, dime: ¿cuál de ellos lo amará más?» Simón le respondió: «Me parece que aquel a quien le perdonó más.» Y Jesús le dijo: «Tu juicio es correcto.» Entonces se volvió a la mujer y le dijo a Simón: «Mira a esta mujer. Cuando llegué a tu casa, no me diste agua para lavarme los pies, pero ésta los ha bañado con sus lágrimas y los ha secado con sus cabellos. No me diste un beso, pero ésta no ha dejado de besarme los pies desde que entré. No ungiste mi cabeza con aceite, pero ésta ha ungido mis pies con perfume. Por eso te digo que sus muchos pecados le son perdonados, porque amó mucho. Pero a quien poco se le perdona, poco ama.»

Adoración brota del amor. Donde no hay amor, no hay adoración; donde hay poco amor, hay poca adoración; donde hay mucho amor, hay mucha adoración. Simon no estaba enamorado de Jesús-No tenía una adoración que ofrecerle. Esta mujer llevó su perfume (de gran valor), y ella hizo un gran sacrificio. Esta mujer se acercó con lágrimas de gratitud. Usted ve, la gratitud alimenta el amor, pero el amor es más que gratitud. Cuando Jesus sano a los diez leprosos, sólo uno regresó para darle gracias y adorar (amar) a Jesús. Los otros nueve quizás tenían gratitud pero no tenían amor. Por lo tanto no tenían una adoración que ofrecer le al Maestro. Esta mujer hizo un sacrificio, llegó con lágrimas, ofreció un servicio y adoro por el gran amor que tenía para el Maestro.

¡Me encanta cuando mi amor por Cristo es incontenible! Cuando mi corazón está lleno de amor y estoy dispuesto a dar todo aun mi vida para mi Señor, si Él me lo pide. Cuando yo se que estoy dando mi mejor por vivir una vida agradable a El y esforzándome para hacer su perfecta voluntad.

CAPÍTULO VI:
EL CAPÍTULO MAS GRANDE DE TODOS

Hay muchos libros escritos acerca de la fe, sanidades, milagros, el éxito, la victoria; libros que hablan de cómo ganar, cómo sobresalir, cómo evangelizar y discipular ... etc ¿Cuándo es la última vez que leíste un libro sobre el amor? No se oyen demasiados sermones sobre el amor. Es como si la predicación sobre el amor a pasado de moda; casi como, si yo predico acerca de la fe, me va a distinguir como un hombre poderoso de Dios, pero si yo predico sobre el amor, me proyecto como un débil. La Biblia dice que el amor es más grande que la esperanza, e incluso mayor que la fe! Eso quiere decir que el capítulo 13 de 1 Corintios es mayor que el capítulo 11 de Hebreos. Para aprender a amar, tenemos que echar un vistazo más de cerca el capítulo más grande de todos; El capítulo del amor.

I Corintios 13:1
"Si yo hablase lenguas humanas y angélicas, y no tengo amor, vengo a ser bronce que suena o címbalo que retiñe."

Sin amor, el don de lenguas es sólo ruido! Espera, yo soy pentecostal; Hablo en lenguas, y me encanta. Pero el amor es más importante que todos los dones del Espíritu. Sin dejar el tema demasiado, sólo quiero decir que creo que todos los dones del Espíritu son para todos nosotros hoy. He leído un montón de libros de los que creen diferente, y cuando hablan de los dones, por lo general salto este capítulo o lo tomo con una poca de sal, o simplemente le pongo una "X" a todo el capitulo. He aprendido mucho de estos maestros y predicadores no carismáticos, pero no me pueden enseñar lo que nunca han experimentado. Yo los respeto, y respeto su derecho a no tener razón en todo. La iglesia de Corinto practicaba el orar en lenguas, y operaban en el don de lenguas y la interpretación-junto con todos los otros dones.

Cuando usted ora o cantar en lenguas, hablas a Dios y edificar su espíritu (1 Corintios 14:4). El apóstol Pablo incluso se atreve decir que él hablaba en lenguas más que todos ellos, y que deseaba que todos hablasen en lenguas (1 Corintios 14:5,18). Dije esto para establecer que el hablar en lenguas fue considerado, al menos por el Apóstol Pablo algo muy poderoso y beneficioso y, sin embargo, si tengo el don de hablar en lenguas, y no tengo amor no va a hacer ningún bien a nadie.

Versículo 2: "Y si tuviese profecía, y entendiese todos los misterios y toda ciencia, y si tuviese toda la fe, de manera que trasladase los montes, y no tengo amor, nada soy."

Antes de pensar que el versículo uno era nada más que un golpe contra el hablar en lenguas, demos una buena mirada al versículo dos. La profecía (el don de ser más deseado) y la fe (probablemente el regalo más deseado que opera en una vida) y el conocimiento (deseado por todo lo que son profesores y teólogos) sin amor son iguales a un gran cero. Si usted quiere ser un cero en el reino de Dios, viva una vida sin amor. En el reino de Dios, es lo mucho que amas, no lo que sabes o lo bien que te ves que te hace grande.

Versículo 3: "Y si repartiese todos mis bienes para dar de comer a pobres, y si entregase mi cuerpo para ser quemado, pero no tengo amor, de nada me sirve."

EL CAPITULO MAS GRANDE DE TODOS

Ésto puede volar tu mente. En el "mundo de la iglesia" de hoy, con nuestro enfoque en el servicio comunitario y evangelismo social, puede ser posible ayudar a la gente y no amar a la gente. Beneficiara Madre Teresa eternamente por todas sus buenas obras? No lo sé; sólo Dios puede determinar eso. Si ella (o cualquier otra persona que hace buenas obras en el nombre de Cristo) en verdad amaba a Dios y fue motivado por el amor ágape, entonces será de beneficio. Entonces, ¿puede una persona hacer grandes sacrificios, dar todo lo que tienen a los pobres, incluso dar la vida, y no tener amor? Parece que sí. Todas nuestras buenas obras tienen que estar motivadas e impulsadas por el amor ágape puro; de lo contrario, no conseguimos nada por ello.

"El hambre de amor es mucho más difícil de eliminar que el hambre de pan."- Madre Teresa

Versículo 4: "El amor es sufrido …"

¡El amor es paciente! Muchos abandonan su matrimonio, abandonan su trabajo, abandonan a sus hijos y abandonan la vida porque se impacientan. Si amas, tendrás paciencia. Si quieres paciencia, debes tener amor; porque la paciencia proviene del amor. Usted puede obtener la paciencia de sus pruebas o usted puede conseguir la paciencia mediante el amor de Dios. Sólo empiece a amar a su esposo, hijos, jefe, vecino … etc, con el amor de Dios, y usted tendrá más que suficiente paciencia. Ame con sus pensamientos, ame con sus palabras y ame con sus acciones. Recientemente aconseje a una pareja y le dije a la esposa que empezara a mostrar un comportamiento amoroso hacia su marido (a quien le tenia amargura). Ella escuchó mi consejo - comenzó a despedirse de el con un beso, le llamaba "mi amor" y demostraba intencionalmente el amor hacia él - y Dios le dio un gran avance que dio lugar a un matrimonio revolucionado por el amor de Dios.

La paciencia es fruto del Espíritu; fluirá de una relación viva con el Señor. Cuando nos encontramos a nosotros mismos siendo impacientes, tenemos que preguntarnos a nosotros mismos si hemos descuidado nuestro diario caminar con el Salvador; ¿estamos caminando en el amor con Dios? El hecho de que la paciencia es el fruto del Espíritu, no significa que porque hemos recibido el Espíritu, paciencia llegará automáticamente a nosotros. Depende de nosotros caminar en el Espíritu, y caminar en el Espíritu significa caminar en comunión con el Señor. Para esto es necesario rendir obediencia a su palabra, y ofrecer la adoración continua en el corazón. La impaciencia en la vida y el liderazgo es falta de amor. Cuando somos impacientes con los demás, no caminamos en el amor. Amas a los demás a través de la paciencia que les muestras. Permítales lugar para errores, recordando que el Señor te ayuda cuando tu cometes errores.

El versículo 4 (continuación): "... El amor es bueno ..."

No puedes decir que me amas si eres grosero. La falta de educación es inaceptable. Algunas personas son groseros a través de sarcasmo y algunos incluso muestran rudeza a través del humor. La falta de educación puede venir en una gran cantidad de disfraces, pero si menosprecias, devalúas y ofendes a la gente, eres grosero. El amor es benigno.

El versículo 4 (continuación), "... El amor no se desfile sí mismo …"

Nos gusta hacer esto. Nos gusta destacarnos y hacernos notar. Nos gusta vernos mejor que el otro tipo. Nos desfilamos nosotros mismos porque se siente bien ser el centro de atención.

Cuando crecemos en el amor, lo hacemos mucho menos. El amor dice: "Señor, déjame disminuir para que tu puedas aumentar." Se aprende a dar la atención a Dios o a algún otro y reflejar la gloria y el crédito a otra lugar. Si hacemos lo que hacemos para ser vistos y reconocidos por los demás, no lo estamos haciendo en amor; estamos desfilando nos nosotros mismos.

El versículo 4 (continuación): "... no se envanece …"

No hay nada malo con un poco de orgullo piadoso como cuando uno de nuestros hijos gana un trofeo o se gradúe de la escuela. Todos sentimos esta clase de orgullo. Pero envanecer es ser lleno de ti mismo. Es cuando la gente empieza a decirte lo bien que predicó o cuán grande eres tú, y empiezas a creerlo. La alabanza, el reconocimiento y el honor se pueden ir a nuestras cabezas. Posiciones, dones, talentos y capacidades se pueden ir a nuestra cabeza. Títulos y grados se pueden ir a nuestra cabeza. Ninguna de esas cosas son malas; lo que es malo es cuando somos "inflados" por ellos.

Versículo 5: "El amor no se irrita"

El amor no se enoja fácilmente. Muchos dejan un matrimonio porque están enojados todo el tiempo Una persona enojada es una persona infeliz. No se puede estar enojado y feliz al mismo tiempo. Muchos padres provocan a sus hijos a la ira a causa de su propia ira. Si usted se enoja con sus hijos todo el tiempo, entonces usted va a criar hijos enojados. Usted tiene que tener suficiente amor para dejar de enojarse. La ira trae tantos problemas con él; el abuso, la violencia, el odio, el dolor, el sufrimiento, el divorcio, etc ... Me pregunto, ¿cuántos de los que están leyendo este libro han sido afectados por la ira de otra persona? Me pregunto ¿cuántos están siendo afectados por la ira de alguien en este momento? O tal vez, usted es la persona enojada. Tal vez usted pierde el control, tal vez usted está enojado todo el tiempo y usted piensa que es normal. La ira es ya sea un comportamiento aprendido por alguien que existió en una atmósfera de ira, o un comportamiento adquirido en alguien que se ha enojado debido a abuso, el rechazo o la pérdida.

Proverbios 14:29
"El que es tardo para la ira tiene gran prudencia, pero el que es impulsivo exalta la locura."

¿Por qué dice que el que es lento para la ira tiene gran prudencia? Hay cosas que usted debe entender con el fin de evitar el enojo. Debe entenderse a sí mismo, saber cuándo se está enojando y saber cómo mantener la ira de la escalada. La ira viene en diferentes niveles; Molesto, irritado, Frustrado, Malestar, enojado, rabia fuera de control. La mayoría de la gente no deja que su enojo lleve más allá de estar frustrados o molestos. Entienda que si usted está constantemente enojado, usted tiene un problema de ira. Usted debe entender cómo su cólera está afectando a los que te rodean; que su coraje causa la intimidación, el miedo, la pérdida de la paz, el estrés y la opresión. La ira crea un ambiente hostil. Su ira aun en su silencio puede hacer que los demás se sientan castigados y con miedo. Usted debe entender que el enojo no es nunca una solución. Puede parecer que resuelve las cosas, puede conseguir el resultado deseado (o "ganancia"), pero entonces usted está consiguiendo lo que quiere a través de la intimidación y la manipulación. No hay amor.

Santiago 1:19-20
"Por esto, mis amados hermanos, todo hombre sea pronto para oír, tardo para hablar, tardo para la ira; porque la ira del hombre no obra la justicia de Dios." Usted debe entender que, además de justa ira, la ira no es una buena cosa y no agrada a Dios. La ira es un pecado de la naturaleza pecaminosa.

Galatas 5:19-21

"Las obras de la carne son evidentes, las cuales son: adulterio, fornicación, inmundicia, lascivia, idolatría, hechicerías, enemistades, pleitos, celos, iras, contiendas, disensiones, herejías, envidias, homicidios, borracheras, orgías, y similares; de las cuales os denuncio, como yo también lo dije en otro tiempo, que los que practican tales cosas no heredarán el reino de Dios."

¿Lo puedes ver? te lo digo mas claro "ira, pleitos contiendas." ¿Suena familiar? El enojo se relaciona con la necedad.

Eclesiastés 7:9 "No te apresures en tu espíritu a enojarte, porque el enojo reposa en el seno de los necios."

La ira se asocia con contristar al Espíritu Santo.

Efesios 4:30-31 "Y no contristéis al Espíritu Santo de Dios, con el cual fuisteis sellados para el día de la redención. Que toda amargura, enojo, ira, gritería y maledicencia sea quitada de vosotros, y toda malicia."

La ira siempre se acompaña de otros pecados.

Proverbios 29:22 "Un hombre iracundo levanta contiendas, Y el furioso muchas veces peca."

Proverbios 16:32 "El que es tardo para la ira es mejor que el poderoso, y el que domina su espíritu que el que toma una ciudad."

Dios quiere que usted tenga la victoria sobre su enojo. No es como si nunca podemos enojarse, pero hay que llegar a un lugar donde somos lentos para la ira a donde se lleva mucho para que se enoje, y aun cuando te enojas, sabes "gobernar su propio espíritu". Que la ira no lo controle a usted; sino usted controla la ira. Una señora vino una vez a Billy Sunday y trató de racionalizar sus ataques de ira. "No hay nada de malo en perder el control", dijo. "Yo exploto, y luego que exploto todo ha terminado." "Igual una escopeta," Billy Sunday respondió: "y mira el daño que deja tras de sí!"

"Él es el que está en el mal que primero se enoja ..." - William Penn

Te ofrezco estas cuatro cosas para ayudarte a superar la ira:
1. Piensa antes de hablar o actuar.
2. Nunca te des permiso para enojarte.
3. Confesar siempre tu ira como pecado ante Dios y a la persona a quien se dirigió su ira. Pedir perdón y pedir a esa persona que ore por ti.
4. Resuelve todo ira del pasado no resuelta. Perdona.

No se necesita consejería para controlar tu ir se necesita amor;. Consejería para manejo de la ira puede ayudar a lidiar con su ira cuando lo sientes, pero el amor hará que usted deje de ser una persona enojada. Considere que su problema de ira es en realidad un problema de falta de amor; ¿con quién se enoja usted todo el tiempo? Pídele a Dios que te inunde de amor por esa persona. ¿Ha perdido su amor por su esposa, esposo, hijos? Puede suceder - pasamos por tanto en la vida. ¿Quieres amar a los demás, pero se han hecho demasiado daño el uno al otro. El amor cubre una multitud de pecados. Si estás enojado con alguien todo el tiempo, no estás amando a esa persona.

Versículo 5 (continuación), "... el amor no guarda rencor ..."

EL CAPITULO MAS GRANDE DE TODOS

Cancelar la deuda; desechar los registros del pasado. Deja de jugar una y otra vez las cintas viejas; Deja de cobrar por los daños pasados cada vez que tiene un argumento. Jesús nunca trae a colación su pasado. Algunos dicen: "Yo no puedo perdonar", pero la verdad es que no quieres perdonar. Algunos dicen: "Es demasiado duro", o "demasiado doloroso." Jesús entiende(comprende). Él le ayudará con el dolor. Tiene que haber un perdón todo de una vez y para siempre. Nunca perdonaras a quien no amas.

Versículo 6: "El amor no se goza de la injusticia, mas se goza de la verdad."

El amor se preocupa por el bien y el mal. No es sólo una sensación blanda, el amor es el motor que nos impulsa a buscar la justicia-para hablar a favor de la verdad y la justicia. Cuando el amor de Dios está en ti, odias lo que Dios odia y amas lo que Dios ama. Nuestra participación como hijos de Dios en enderezar los males de este mundo es algo más que una responsabilidad social, es tener un amor responsable.

El versículo 7, "amor sobrelleva todas las cosas, todo lo cree, todo lo espera, todo lo soporta."

Fuerza perfecta, perfecta fe y esperanza perfecta sólo se encuentran en perfecto amor. Nunca vamos a amar a la perfección en esta vida. Sólo podemos crecer en el amor y que el amor abunde más y más. Un amor perfecto en nosotros es un amor saludable y vibrante. Jesús caminó en este amor perfecto. Al principio de mi vida cristiana fui presentado con el reto de sustituir el nombre de Jesús con en lugar de la palabra "amor" en estos versículos. Fluyó de forma natural y perfectamente. Jesús es paciente, es bondadoso. Jesús sufre, todo lo cree, todo lo espera y todo lo soporta . Entonces yo iba a intentarlo de nuevo usando mi nombre en lugar de la palabra "amor". Emilio es paciente. No llegué muy lejos antes de que me di cuenta de que no fluyó muy bien con mi nombre. Cuando se trata de amor, todos tenemos un largo camino por recorrer.

Versículo 8: "El amor nunca falla."

Me gustaría poder amar de esta manera. Me gustaría que mi amor por Dios estuviera tan fuerte que podía (a causa de mi gran amor por Él) superar toda tentación, caminar todos los minutos en el Espíritu, amar a los demás como Él lo hizo, y en la forma en que El lo hace. ¡Gracias a Dios que su amor nunca falla! Él nunca dejará de amarme. Su amor me va a llevar hasta el final y me dará un lugar a su lado - en su reino - para siempre! El amor siempre protege, confía, espera y persevera. No hay inconsistencia en el amor. Jesús es el mismo ayer, hoy y para siempre. Debemos ser como Él. Usted no puede estar amando un día y odiando el siguiente día. No se puede ser amable por una semana y grosero la siguiente semana. No se puede ser cristiano por un mes y vivir sin Cristo el mes que viene. La Biblia dice que el hombre de doble ánimo es inconstante en todos sus caminos (Santiago 1:8). Personas inestables no permanecen. Personas inestables no se quedan en una relación. Son de poca confianza; traen inseguridad a la familia. Siga haciendo lo correcto; no se canse de hacer el bien, no se canse de amar. Se lleva trabajo el amar. El amor nunca es infiel, nunca defrauda, adultera o hacer trampa.

Yo les digo a los jóvenes empiecen a desarrollar un espíritu fiel - que cuando encuentre a la persona para ti, debes de casarte en tu espíritu primero. Eso significa que usted se siente casado con esa persona (no quiere decir que está casado). Usted comienza a actuar como si usted está casado con esa persona (no físicamente) pero en su fidelidad y lealtad. Conviértase en materia matrimonial.

EL CAPITULO MAS GRANDE DE TODOS

Para aquellos de nosotros que estamos casados, la mayor evidencia de nuestro amor será cómo amamos a nuestro cónyuge. Tenemos que tomar todas las Escrituras que hablan de amar a los demás y aplicarlas a nuestra relación con nuestro cónyuge. Si no está ahí, no es real en cualquier otro lugar.

La primera cosa que usted puede hacer para amar a tu prometido es hacer un compromiso de por vida en el matrimonio. Contrariamente a la famosa canción de éxito cantada por Paul Anka en 1974, usted está teniendo mi bebé, la canción comienza con las palabras "Tener a mi bebé, lo que es una manera preciosa de decir Te amo …" Es un anillo (un compromiso de por vida), no un bebé que da testimonio de un verdadero amor de Dios. Los bebés son siempre una bendición y como dijo Rick Warren en su libro Una Vida con Propósito, "No hay hijos ilegítimos, sólo los padres ilegítimos." El matrimonio, según la definición de la Biblia, fue instituido por Dios para que un hombre y una mujer podría consumar su amor bajo la aprobación divina. Los niños deben haber nacido en los lazos del santo matrimonio, y creados a conocer y temer al Señor bajo una relación matrimonial amorosa.

Para amar realmente a su cónyuge, debe nutrir a él / ella. El amor es la crianza, y el cuidado requiere de tiempo y dedicación. El amor es como un jardín; que requiere un mantenimiento constante. Una relación amorosa requiere trabajo, la intencionalidad, sacar las malas hierbas y asegurarse de que tiene suficiente agua. Para tener una relación de amor, tenemos que estar dispuestos a invertir mucho tiempo. ¿Cómo puedes decir que amas a Dios, a quien no se puede ver, si usted no puede amar a su esposo o esposa que se ve todos los días? Aprende a ser fiel a Dios y fiel en las cosas pequeñas. Aprende a ser fieles a sus responsabilidades y en las relaciones que ya tenemos con familiares y amigos. Entonces, cuando usted está en la relación matrimonial, no se tiene un problema con la infidelidad.

Versículo 11: "El amor deja las cosas de niño. El amor va hacia la madurez."

Los niños no se quedan en algo por mucho tiempo. Se mueven de un lado a otro, son de corta capacidad de atención. Algunas personas son inmaduros; pasan de una relación a otra, de un trabajo a otro, o de una casa a otra. ¿Quien Recuerdo cuando eras así; Inmaduro, y todos a tu alrededor sufrieron por ello? Usted no tiene que hacer un berrinche cuando no consigue lo que quiere; crezca. El amor te llevará a la madurez emocional y espiritualmente. El no crecer se debe a la falta de amor. Si amas a Dios, dejaras cosas infantiles aquellas cosas sin amor, palabras egoístas, actitudes y acciones que se deben a la inmadurez. Restar inmaduros es falta de amor a Dios y falta de amor a los que te rodean. Es por eso que tenemos que seguir creciendo en el amor dejando que el Espíritu Santo nos guíe y nos enseñe.

Juan 15:4-7

"Permaneced en mí, y yo en vosotros. Como el pámpano no puede dar fruto por sí mismo, si no permanece en la vid, así tampoco vosotros, si no permanecéis en mí. "" Yo soy la vid, vosotros los pámpanos. El que permanece en mí, y yo en él, éste lleva mucho fruto; porque separados de mí nada podéis hacer. Si alguno no permanece en mí, será echado fuera como pámpano, y se secará; y los recogen, y los echan en el fuego, y arden. Si permanecéis en mí, y mis palabras permanecen en vosotros, pedid todo lo que queréis, y os será hecho para ti."

1 Juan 4:16

"¿Quién vive (permanece) en amor, permanece en Dios."

El poder del amor es el poder de permanencia. Vivir en el amor es el poder de permanencia. Usted puede tener fe, pero si no tienes amor, no va a permanecer. Usted puede tener la esperanza, pero sin amor, no durará. Es necesario amar para permanecer, persistir y perseverar, y para ver el logro de las cosas. Es el amor que te permitirá seguir adelante; donde todo lo demás falla, el amor nunca falla.

Gálatas 5:22 nos habla del fruto del Espíritu ... Mas el fruto del Espíritu es:

Amor" ...Todo comienza con el amor. Si no hay un amor apasionado en su corazón, usted no tiene ninguno de las otras virtudes mencionadas aquí.

Alegría, ¿alguna vez has tenido que estar bajo un supervisor o un jefe que no tenía la alegría? Estoy seguro que todos hemos tenido esta experiencia en un momento u otro. Si se trabaja con un líder que no tiene la alegría es un trabajo miserable, pero qué diferencia cuando se trabaja bajo una persona alegre. ¿Es un placer trabajar contigo?

Paz ... en la época en que vivimos los obreros sufren de una necesidad de encontrar paz. usted va irradiar lo que hay en su corazón. La Biblia nos enseña cómo vivir libre de estrés y la ansiedad. Tenemos que echar todas nuestras ansiedades sobre Él nos manda "en nada estar ansiosos, sino hacer conocer nuestra petición a Dios con acción de gracias. El estrés bloqueará el flujo de amor en su vida, e incluso puede hacerte una persona falta de amor. Si realmente vivimos la vida de fe, vamos a caminar en completa paz. La paz viene de una disposición valiente de confianza en el amor y cuidado de Dios para nosotros en todos nuestros momentos de necesidad y tribulación. Usted no va a ser un líder eficaz si usted está conduciendo en temor; debe dirigir con valentía pacífica. Al igual que Josué, Dios le ordenó que ser fuerte y valiente! Dios ordenó a Josué no temer! Tenía que encontrar la paz en su corazón para liderar con éxito el pueblo de Dios en las batallas que estaban por delante. Muchas veces, Jesús dijo a sus seguidores: "No temas" y "Paz". Él no sólo les dijo, pero Él demostró la paz en cualquier situación. Cuando la tormenta estaba meciendo el barco y los discípulos estaban llenos de temor, ¡Jesús estaba descansando! Incluso cuando fue confrontado con el dolor y el sufrimiento que él debía someterse, encontró la paz en el jardín de Getsemaní.

"La oscuridad no puede expulsar a la oscuridad; sólo la luz puede hacer eso. El odio no puede expulsar al odio; sólo el amor puede hacer eso "-. Martin Luther King, Jr.

Gálatas 5:22-23
"Mas el fruto del Espíritu es amor, gozo, paz, paciencia, amabilidad, bondad, fidelidad, mansedumbre, dominio de sí mismo."

Si vamos a ser buenos líderes, debemos convertirnos primero buenos amadores de Dios y de los demás. Debemos crecer en el amor hasta que Su amor se perpetúa y se irradia en nosotros y a través de nosotros, hasta que seamos pacientes, cariñosos, amables, fieles y tiernos. Sólo después de que aprendamos a amar podemos aprender a ser los líderes que Dios quiere que seamos.

CAPÍTULO VII: LIDERANDO CON AMOR

Mi primer libro Liderando con Visión era todo acerca de preparando, entendiendo y llevando a cabo tu visión dada por Dios. Yo creó que visión es vital para el liderazgo, pero visión sin amor es mecánico, egoísta y humanista. El hecho de que puede ser un encargado de una empresa grande no significa que puede ser un buen pastor. Para ser un buen líder, tienes que liderar con amor.

Nunca serás un buen líder si no amas a la gente que diriges. Podrías convertirte en un gran líder, pero nunca serás un "buen" líder. Jesús dijo que Él es el buen pastor no el gran pastor. La palabra griega kalos traducido "bueno" describe lo que es noble, puro y hermoso; que se contrasta con aquello que es malvado, impío, podrido y sin amor. Significa no solo que es bueno en el interior, i.e. carácter, pero también aquello que es atractivo en el exterior. Esto es una bondad innata. Así que cuando se utiliza la frase "el buen pastor" Jesús está refiriéndose a su bondad innata, a su dignidad y a su belleza. Como el pastor de las ovejas Él es el que protege, guía y nutre su rebaño.

El ser bueno es ser humilde, tener integridad y liderar con amor. Moisés amó al pueblo, pues él estaba dispuesto a hacer cualquier cosa y/o hacer cualquier sacrificio por ellos. Salomón pudo haber pedido cualquier cosa, sin embargo solo pidió sabiduría para dirigir el pueblo de Dios. El quería lo mejor para ellos porque les amaba. Jesús es el buen pastor. El buen pastor da su vida por sus ovejas. Para ser grandes pastores en los ojos de Dios primero debemos ser buenos pastores. Jesús dijo en Mateo 20:26, "Mas entre vosotros no será así, sino que el que quiera hacerse grande entre vosotros será vuestro servidor." Tenemos que estar dispuestos a hacer sacrificios por nuestras ovejas. Esto incluye muchas veces sacrificar nuestro ego, nuestro orgullo y nuestras agendas. Estoy aprendiendo que se trata del pueblo, no del proyecto.

Yo conocí un pastor que siempre criticaba y señalaba su congregación. Sus palabras eran, "ésta gente está arruinada" Yo escuché sus comentarios por el transcurso de tres meses. Finalmente, un día que habló tales palabras a la gente de nuevo, yo no me aguanté más, pues no me pude contener y le reprendí diciendo, "¡Si tu no puedes amar a esta gente no deberías ser su pastor! Consíguete otra cosa para hacer porque este pueblo necesita que les ames condicionalmente." El estaba tan sorprendido al escuchar estas palabras como yo, que las hablé.

Antes que D. L. Moody se convirtiera en el gran evangelista del décimo noveno centenario, él hacía escuela bíblica frente a una tienda para alcanzar los niños de las calles de Chicago. Se dice de una historia de un pequeñín que caminaba a la iglesia domingo tras domingo. El vivía lejos de la iglesia. Un día cuando estaba muy frío y nevando, un hombre se le acercó al niño y le preguntó, "¿Por qué haces un esfuerzo tan grande todos los domingos, teniendo iglesias más cerca de tu casa?" La explicación del niño fue clara y simple, "Yo voy allí porque ellos hacen que uno se sienta verdaderamente amado."

Honestamente, para mí, no siempre ha sido fácil ser un buen pastor. Tengo que admitir que han habido ocasiones en mi ministerio donde he respondido en forma ruda y que he tratado a algunos sin amor y fríamente. No es fácil amar a todos a la misma vez. He tendido que aprender cosas difíciles. Por ejemplo; en cómo poder odiar el comportamiento sin odiar a la persona y también, en cómo mirar a una persona que es difícil de amar con compasión. Amar a las ovejas de Dios "a todas" debe ser la meta de cada líder cristiano. En adición, siempre se debe de amar a aquellos que aún no han venido a Cristo.

Jesús le preguntó tres veces a Pedro, "¿Me amas?" Cuando Pedro iba a decir "Sí.", Jesús de inmediato le ordenaba, "Apacienta mis ovejas." ¿Cuál es la conexión entre el amor a Jesús y alimentar a sus ovejas? ¡Todo! Usted ve, Jesús no iba a estar allí para ser el objeto del amor manifestado de Pedro, pero aquellos que Jesús amó más, aquellos que Jesús deseaba cuidar personalmente, pero no sería capaz de hacerlo; necesitaban ser amados. Sus ovejas; sus ovejas preciosas.

¿Cómo podemos amar a sus ovejas preciosas; éstas ovejas que, a veces, pueden ser tan tercas? Estas ovejas que tienden a vagar y se meten en tantos problemas y cometen tantos errores. La idea de que Jesús toma a una de las ovejas, le provee una vara y un callado y luego le dice a esa oveja, "Bien, ahora sal y actúa como un pastor." me trastorna el pensamiento. Que gran acto que el gran Pastor da a una oveja la posición de pastor. ¡Oh, cómo necesitamos tener el corazón de el Gran Pastor y oír su voz para que Él pueda pastorear a las ovejas a través de nosotros! Su mandamiento a nosotros los pastores es la misma que a Pedro, "Apacienta mis ovejas." Yo creo que Él está diciendo, "!Mis ovejas tendrán muchas necesidades; satisface sus necesidades!" Yo no creo que esto sólo significa predicarles todos los domingos, aunque estoy seguro de que esto es una gran parte de la alimentación de las ovejas. Creo que es una responsabilidad para nosotros los pastores de asegurarnos de que las personas a nuestro cuidado estén bien atendidos. Uno de los grandes modelos de liderazgo pastoral es uno que he encontrado en el Salmos 23:

Salmo 23:1 AMP
"El Señor es mi pastor [para alimentar, guiar y protegerme], nada me faltará".

El Señor es mi pastor ... "Jehová Roi"

Él es el buen pastor y es nuestro mayor ejemplo como debemos llevar a Sus ovejas. Al estudiar la vida de Jesús, se ve el gran ejemplo que Él nos ha dado. Él nos ha enseñado a amar a las ovejas al vivir su vida por (e incluso poner su vida) por las ovejas. Tenemos que tener el corazón del Príncipe de los pastores. Tenemos que permanecer en él. Tenemos que caminar cerca de Él, para que Él pueda pastorear a sus ovejas a través de nosotros.

Nada me faltará ... "Jehová Jireh"

Hemos de ser los proveedores a los que guiamos. Tenemos que ser capaces de discernir las necesidades de quienes estamos llevando a través de la oración, escuchándoles y teniendo compasión. Estamos llamados a satisfacer las necesidades físicas, emocionales, y sobre todo, espirituales en el rebaño.

Salmo 23:2 AMP
"Él me hace descansar en [tiernas, frescas] pastos verdes; Él me lleva al lado tranquilo y aguas tranquilas".

Jueces 6:24
El Señor nuestra paz ... "Jehová Shalom"

Es nuestro trabajo asegurarnos de que las ovejas coman y beban. Las ovejas, por naturaleza, son muy tensas, nerviosas y se estresan fácilmente. Solamente cuando se sienten seguros y protegidos (y después de haber comido), es cuando se ponen a descansar. Como líderes de amor, a través de la palabra y el amor, podemos aportar seguridad y protección a los corazones de aquellos a quienes estamos llamados a alimentar. Las ovejas no beben de agua en movimiento. Nos corresponde a nosotros crear un ambiente tranquilo para aquellos que guiamos. Debemos de trabajar para mantener un ambiente libre de conflictos, solícitos en guardar la unidad del Espíritu en el vínculo de la paz (Efesios 4:3), he visto esto, y todavía estoy aprendiendo. Ha sido una dura lección para mí. Tengo una naturaleza que me hace confiar en otros y tiendo a evitar el conflicto. Yo soy un pacifista por naturaleza. Ha habido momentos en que debí haber sido más duro con los que causaron los disturbios y la división en la congregación. He dejado que las cosas pasen y he limitado mi acción a "orar al respecto". He visto a la gente traer división, y he visto lo mucho que el "rebaño" se ve afectado por el mismo. Me he comprometido a tomar una posición mucho más fuerte en la lucha por el bien de los corderos.

El Dios justo: "El Tisaddik"

Salmo 23:3 AMP
"Él refresca y restaura mi vida (mi yo); Me guiará por sendas de justicia [rectitud y buena relación con él - no por mi ganancia, sino] por amor de su nombre".

Si amamos al pastor, amaremos a sus ovejas. Si amamos a Sus ovejas, vamos a refrescar y restaurar sus vidas. Sus ovejas viven en un mundo hostil. ¡El mundo los odia! Muchas veces, ellos tienen que sufrir persecución y desprecio. Incluso en Estados Unidos, la mayoría de la gente no son amantes de los cristianos, y muchos de ellos (a pesar de que tratan de ser educado y respetuoso), en el momento que una de Sus ovejas se ampara por la verdad y por la justicia, y los envían como "ovejas al matadero". No es fácil ser una de sus ovejas. Las ovejas necesitan un pastor amoroso que las refresquen a través de sus palabras. Esto no quiere decir que no amonestamos y que no corregirás las ovejas. Hay momentos en que el pastor tuvo que corregir las ovejas por su bien espiritual, pero lo más que necesitan las ovejas es refrigerio y restauración. Jesús no dijo, "Si ustedes me aman, golpea mis ovejas." Él dijo, "Apacienta mis ovejas." Nunca demostramos mayor amor por el Maestro que cuando estamos trabajando con amor en el cuidado de sus ovejas.

El Dios todo suficiente: "El Shaddai"

Salmo 23:4 AMP
"Sí, aunque ande en la [sin sol profundo,] en valle de sombra de muerte, No temeré ni temo mal alguno, porque tú estarás conmigo; Tu vara [para proteger] y tu cayado [para guiar] me infundirán aliento".

Debemos recordar que las personas pasan por lugares muy duros y temporadas difíciles en la vida. Sus ovejas sufren en sus cuerpos físicos, en sus relaciones y en sus finanzas. Muchas veces, ellos luchan con asuntos personales como la culpa, la ira, la vergüenza y la baja autoestima. Las ovejas de Dios sufren muchas pérdidas, fracasos y reveses. A veces se pasan por valles profundos y oscuros. La vida puede ser tan compleja, nosotros podemos ser complejos. Sus ovejas necesitan saber que estamos con ellas; necesitan saber que Dios está con ellos. Debemos consolar al pueblo de Dios. Para ello, tenemos que ayudarles a ver el Todo-Suficiente Dios. Tenemos que modelar para ellos y enseñarles que Dios es más que suficiente. Los hijos de Dios necesitan mucho estímulo, inspiración y sobre todo, el amor.

El Dios de dioses: "El Gibbo"

Salmo 23:5 AMP

"Tú preparas mesa delante de mí en presencia de mis enemigos. Usted me ungiste la cabeza con aceite; mi copa [rebosante] está rebosando".

Como pastores amorosos, nosotros también debemos estar dispuestos y ser capaces de hacer la guerra espiritual para aquellos que están bajo nuestro cuidado. Cuando están en la casa de Dios, deben ser capaces de descansar y darse un banquete, no importa qué batallas tengan en sus vidas. Tienen que encontrar una mesa preparada para ellos en la casa de Dios.

Nos corresponde a nosotros hacer "iglesia", un lugar de banquete, regocijo y un lugar donde la presencia del Espíritu Santo se está desbordando. Como pastores, nos toca a nosotros asegurarnos de que el pueblo de Dios es conducido a la presencia de Dios. Creo que cada vez que nos reunimos, debemos de dar tiempo para que el Espíritu de Dios se manifieste y se mueva en los corazones de la gente. Creo que el tiempo de adoración en la iglesia no es sólo un tiempo para cantar algunos cánticos rápidos y algunas canciones lentas y experimentar el sabor de su gloria. Creo que "el tiempo de adoración", quiérase decir, ese tiempo que dedicamos a centrarse sólo en él y para cantar le a Èl, que es la "fiesta de amor" que se menciona en Judas 1:12. Esto es cuando derramamos nuestro amor a Dios en el culto, y donde Dios derrama su amor en nosotros a través de su Espíritu Santo.

El Espíritu de Dios: "El Hakkadosh"

Salmos 23:6
"Ciertamente el bien y la misericordia me seguirán todos los días de mi vida; Y habitaré en la casa del Señor para siempre".

El pueblo de Dios se ha "apartado" para Él. Ellos son Sus ovejas, no las nuestras. Nosotros somos simples administradores de

Sus ovejas. Sus ovejas son destinadas para una vida de bondad y misericordia. Estamos separados para ser santos para el Señor, para morar en Su presencia para siempre. Es un gran honor haber sido llamado a ser pastor y trabajar en conjunto con "El Buen y El Gran Pastor". Al estar en el liderazgo de la iglesia es, en mi opinión, uno de los mayores privilegios que podemos tener. Es también uno de los más grandes, si no la más grande responsabilidad que alguien pueda tener. Así que muchas personas toman el estar en el liderazgo tan levemente. Yo no. Yo me siento muy honrado de ser pastor. También, me sentí honrado de ser un líder de la juventud y ser maestro de escuela dominical. Siempre he pensado que estas son responsabilidades dadas por Dios, que Él me ha confiado. Siempre he pensado que voy a rendirle cuentas por mi fidelidad y mi amor por quienes Él me ha confiado.

1 Pedro 5:1 NVI

"Los ancianos que están entre vosotros, yo, yo, que soy anciano como ellos, testigo de los sufrimientos de Cristo, y también participante de la gloria que será revelada ..."

Como un "anciano", quiero decir que ser llamado a ser un pastor es un gran privilegio y una gran alegría. En el ministerio, hay temporadas de gran alegría y temporadas difíciles. En el momento que este libro se publique, habré sido un pastor ordenado a tiempo completo durante 28 años. En ese tiempo he visto casi todo y vivido casi todo. ¡Mi experiencia ha sido una grandiosa! La mayor parte de mis 28 años han estado llenos de emoción, de visión, de cosecha, de bondad y misericordia. Sin embargo, hay que decir que esos días de penuria, de sacrificio, de traición y de pérdida se sintieron como años. Sin embargo, no cambiaría nada de eso; ni lo bueno ni aún así los tiempos difíciles. He aprendido, he crecido y Dios me ha convertido en una mejor persona a través de todo.

Versículo 2: "Apacentad la grey de Dios que está entre vosotros, cuidando de ella, no por fuerza, sino voluntariamente, no por ganancia deshonesta, sino con ánimo pronto ..."

Aquí están nuestras órdenes; "Apacentad sus ovejas ... sirve ..." La misión de apacentar las ovejas es una tarea de servir. Para ello es necesario un corazón de siervo. Si usted no tiene un corazón de siervo, no cumplirá fielmente su vocación. Nuestro servicio tiene que venir de un corazón que está deseoso de servir a nuestro Señor. Si lo hacemos porque sentimos que hay que hacerlo (como por obligación), no vamos a estar sirviendo desde el corazón. Si servimos para ver cuánto podemos ganar para nosotros mismos, no seremos buenos pastores. Si servimos por motivos carnales, vamos a dañar a las ovejas y sufrir la corrección del Príncipe de los pastores. Debemos tener una buena disposición al saber que hemos sido elegidos por el Pastor de pastores. Nuestro trabajo debe ser hecho con entusiasmo y sin reservas. Efesios 6:7-8 dice que "debemos hacer la voluntad de Dios desde el corazón, con la buena voluntad de hacer el servicio, como al Señor y no a los hombres, sabiendo que el bien que hace, recibirá la misma de parte del Señor ..." Nosotros trabajamos y laboramos por las ovejas, y por la recompensa que el Príncipe de los pastores nos dará un día.

Versículo 3: "... no como teniendo señorío sobre los que están contigo, sino siendo ejemplos de la grey ..."

No estamos llamados a ser capataces, pero sí supervisores. Estamos llamados a predicar con el ejemplo. ¡El estado en que se encuentra la grey viene antes que el progreso! Muchos de nosotros como pastores/líderes somos motivados por "resultados". No creo que eso siempre es una cosa mala, pero sí cuando perdemos de vista las prioridades de Dios. La gente está siempre en primer lugar, y nuestra prioridad tiene que ser la de darles un ejemplo que pueden seguir; no sólo un ejemplo de santidad y de obras, sino un ejemplo de tierno amor y compasión. Recuerda que dije que Dios tiene una manera de hacerme sentir como si yo fuera la única persona que ama con todo su corazón. Me pregunto, ¿Podré yo hacer que otros se sientan de igual forma?

Versículo 4: "… y cuando aparezca el Príncipe de los pastores, vosotros recibiréis la corona de gloria que no se desvanece".

Aquí está la mejor parte. ¡Estamos llamados a ser pastores súbditos al Príncipe de los pastores! Estamos llamados a trabajar juntos con Cristo. Cuando Él venga, recibiremos una recompensa especial por nuestro servicio fiel a Sus ovejas.

Estoy lejos de ser comparable con el Príncipe de los pastores, pero estoy haciendo mi mejor esfuerzo y creo

CONCLUSION

Al concluir este libro, estoy muy agradecido por el amor que Dios me ha mostrado, y por el amor que Él ha puesto en mi corazón. Quiero amarlo más, y quiero amar a otros más. Amar a Dios y amar a los demás es el corazón de todo lo que somos y todo lo que hacemos como hijos de Dios. Al final de sus días, todo lo que va a durar, todo lo que será recompensado en la eternidad, son las cosas que hizo por amor. Quiero amar más a Dios; Quiero amar a mi esposa y mi familia más, quiero amar al pueblo de Dios más; Quiero amar el mundo de los perdidos, más. No estoy contento con mi "vida de amor"; Quiero que mi amor abunde. Mientras escribo esto, estoy terminando veintiocho años de ministerio; catorce años como pastor principal del Centro Cristiano del Valle en Manson Washington catorce años como pastor principal de la Iglesia Nueva Vida Pacto en Avondale Arizona. Dios ha sido bueno conmigo, mucho, mucho más que lo que merezco. Yo estaba destinado a la ruina, el fracaso y la destrucción. Dios me salvó e hizo algo hermoso de mi vida. Recientemente, el Señor me mostró que yo estaba en mi tercera temporada de ministerio. (te estoy preparando para mi proximo libro "Temporadas con Jesus") 14 años en Washington, 14 años en Arizona y ahora mi tercera temporada de 14 años. Al final de esta temporada que viene, voy a ser de 70 años de edad. Lo sé, no puedo creerlo tampoco. Yo tenia tan sólo dieciocho años cuando conocí a Jesús. Hombre, como me enamore de El! Ahora, hemos caminado juntos durante casi 39 años. Él ha sido tan bueno conmigo. Ahora yo le amo mucho más; Tengo mucho más porque amarlo. No sólo me rescató y me transformó, pero Él me exalta y me bendijo con la tierra prometida y las bendiciones espirituales. A pesar de que yo venía de un hogar destruido, Él me dio una esposa piadosa, hijos y nietos que temen al Señor. A pesar de que carecía de la educación adecuada, Él me ha utilizado en posiciones de alto liderazgo dentro de mi denominación y dentro del Reino de Dios. Él ha sido y es, mi proveedor, mi protector, mi abogado, y mi guía. Él es todo para mí. No quiero volver a amarlo menos. No quiero volver a no estar enamorado de él. Él ha ampliado mi territorio, me ha dado la tierra prometida, me permitió liberar los esclavos de Egipto y equipar a los santos para la obra del ministerio. Me gustaría poder describir mejor la grandeza de su amor. Así como puedo buscando mis últimas palabras, encuentro los siguientes:

Gracias Dios por amarme. Gracias Dios por amarme a mi, Gracias Dios por amarme a mi. Gracias a Dios por amarme a mi! Una y otra vez, su amor por mí me asombra. Gracias, Jesús, por ser mi salvador y mi amigo; gracias por amarme. Usted es mi pasado, mi presente y mi futuro. Si pudiera pedir una sola cosa, sería que mi amor por mi Salvador aumentaría, más y más.

www.ingramcontent.com/pod-product-compliance
Lightning Source LLC
Chambersburg PA
CBHW071627040426
42452CB00009B/1521